RECHERCHES

sur

LES CHRONIQUES

DU MONASTÈRE DE St-MAIXENT, EN POITOU.

Par A. D. de la Fontenelle de Vaudoré,

Président de la Société des Antiquaires de l'Ouest, secrétaire perpétuel de la Société académique de Poitiers, membre des Sociétés des Antiquaires de France, de Normandie, de la Morinie, de Picardie, du Midi, de la Société de l'histoire de France, de l'Institut historique; des Sociétés académiques d'Angers, Angoulême, Blois, Bourbon-Vendée, Caen (3 Soc.), Cherbourg, Douai, Evreux (2 Soc.), Falaise, Metz, Nantes, Niort (2 Soc.), Orléans, Rochefort, Rouen, St-Quentin et Valence; correspondant du Ministère de l'instruction publique pour l'histoire de France, de la Commission des Archives de la Grande-Bretagne, et de la Commission royale d'histoire de Belgique; conservateur et inspecteur divisionnaire des Monuments historiques du Poitou et de l'Aquitaine du nord, etc.

POITIERS,

IMPRIMERIE DE SAURIN FRÈRES.

1838.

À M. de Caumont,

Correspondant de l'Institut, secrétaire de la Société des Antiquaires de Normandie, etc.

SOUVENIR D'AMITIÉ.

RECHERCHES

sur

LES CHRONIQUES

DU MONASTÈRE DE St-MAIXENT, EN POITOU.

———◆———

PREMIÈRE PARTIE,

(1) I. Aujourd'hui que l'on s'occupe d'écrire l'histoire sur les documents originaux, et que les travaux historiques faits sur des livres n'ont plus guère de valeur dans le monde savant, il est utile d'exhumer de la poussière des bibliothèques ou des dépôts d'archives les chroniques de chaque province, d'en examiner la valeur et d'en rechercher les auteurs, s'ils sont demeurés inconnus; et c'est ce que je me propose de faire pour le Poitou. Je commencerai par des *Recherches sur les chroniques du monastère de St-Maixent.*

II. Dans ce travail, le document à examiner, qui se présente tout d'abord, est la chronique dite de Maillezais. Je viendrai ensuite à celle que les continuateurs de dom Bouquet appellent *fragmentum chronicorum*, etc., et donnent comme faite par un moine de St-Maixent, sur la série des comtes de Poitou. Ensuite je dirai quelque chose sur trois chroniques ou histoires de l'abbaye de St-Maixent, rédigées dans des temps plus rapprochés de nous, par des religieux de ce monastère. On voit que cet établissement a été fertile en écrivains. Quatre d'entre eux ont, en effet, jeté du jour sur nos annales, tandis que le cinquième s'est plu à entasser des erreurs auxquelles se sont laissé prendre de bien doctes personnages. Mais je dois m'abstenir ici de pousser plus loin ces réflexions, et je vais suivre l'ordre des dates, pour classer les documents que je me propose de livrer à un examen critique.

III. En pareille matière, et à peu près toujours, quand il s'agit de recherches historiques, il est bon d'aller du connu à l'inconnu. Examinons tout d'abord, pour la chronique dite de Maillezais, de quoi elle se compose; puis je ferai connaître où

(1) Ce travail a été lu, par morceaux détachés, aux séances de la Société académique de Poitiers, dans le courant de l'année 1837.

ce document a été trouvé, par qui il a été rencontré; je parlerai de son importance, et je finirai par indiquer son auteur, demeuré inconnu aux savants qui l'ont publiée.

IV. La chronique dite de Maillezais, ainsi que la plupart des chroniques du moyen-âge, remonte jusqu'au commencement du monde, car les auteurs avaient alors la singulière prétention de ne vouloir rien laisser derrière eux, et elle finit vers le milieu du XIIᵉ siècle. Dans le *Recueil des historiens de France*, on dit tantôt que cette chronique finit en 1040, tantôt qu'elle se termine vers 1140. La première de ces indications est évidemment erronée.

Cette chronique commence par un prologue de J. Florus sur l'histoire. Puis ensuite vient l'histoire sainte et l'histoire profane, d'après Eusèbe, Josèphe, Orose et autres auteurs. Arrivant à l'histoire de France, comme on la prenait anciennement, le chroniqueur copie Grégoire de Tours, Frédégaire, Aimoin et les autres écrivains, sur la première race. Quant à la race des maires du palais, l'auteur suit Eginhard et autres chroniqueurs, et, plus tard, il emprunte surtout à Adhémar de Chabanais, dans la fin de son travail, pour ce qui ne lui est pas particulier.

V. Rien n'est omis dans cette chronique, pour ce qui concerne le monastère de St-Maixent, la succession des abbés, les découvertes et les translations des reliques des saints, les incendies, les ruines et les réédifications des églises et autres constructions. C'est de cette circonstance qu'il fallait induire que l'auteur de cette même chronique était un moine de St-Maixent. Il y a plus, c'est que sur deux années, 1028 et 1126, le rédacteur de la chronique indique le monastère de St-Maixent comme celui dans lequel il a écrit. Aussi le père Labbe a-t-il, tout d'abord, reconnu que cette chronique était bien celle de cette abbaye, quoique Besly l'eût indiquée comme étant propre à Maillezais, parce qu'il l'avait trouvée dans cette localité. L'auteur, du reste, ne parle de ce dernier établissement ecclésiastique que d'une manière peu suivie, comme par occasion, ainsi qu'il le fait pour beaucoup d'autres monastères du Poitou et des provinces voisines.

VI. Comme je viens de le dire, la chronique dont je m'occupe en ce moment, fut découverte dans le monastère de Maillezais, alors à peu près abandonné par l'évêque de cette localité (1), qui s'établit d'abord à Fontenay-le-Comte où il fut même transféré, et qui se fixa plus tard à la Rochelle où le siège épiscopal et auparavant abbatial de Maillezais fut définitivement placé par Louis XIII, après la reddition de ce boulé-

(1) Jacques Raoul de la Guibourgère, d'une maison qui possédait des terres en Poitou et en Bretagne.

vard du protestantisme. Ce fut, ainsi que je l'ai pareillement exprimé, Jean Besly, né à Coulonges-les-Royaux, et alors avocat du roi à Fontenay, qui trouva ce précieux morceau historique et le fit connaître, en en insérant des fragments dans son *Histoire des comtes du Poitou*, ouvrage communiqué par lui à bon nombre de savants, mais publié seulement après la mort de cet écrivain, par les soins de son fils. Il l'indique sous le nom du lieu d'où il l'avait tiré. L'historien Duchesne, ami de Besly, qui lui avait fait lire cette chronique, l'appelle aussi *Chronique de Maillezais*, et c'est ce qui fait qu'elle est généralement connue sous ce titre. Besly fut encore porté à adopter cette dénomination, parce que cette chronique contient des détails relatifs à Maillezais, notamment sur la fondation et la restauration de cette abbaye; mais cette partie semble être une addition à l'ouvrage principal. Il paraît que Besly père ne fit que copier ce document, écrit sur parchemin, et qui était sans doute une copie faite avec soin de l'original, demeuré probablement à St-Maixent, où il se sera perdu. Mais comme Besly fils, à la mort de son père, voulut publier *l'Histoire des comtes de Poitou* (1), il prit à Maillezais le manuscrit dont il s'agit, et il en fit don à Jacques Dupuy (2), qui lui avait été d'un si grand secours pour la publication de l'ouvrage de son père, ainsi qu'il le mentionne, du reste, dans la dédicace qu'il en fit à ce savant. A la mort de celui-ci, le manuscrit de la chronique de St-Maixent passa dans la bibliothèque du savant de Thou (3). Ce fut à cet érudit que le père Labbe l'emprunta, pour la faire imprimer en partie, en 1657, dans le second volume de sa Bibliothèque (4); dom Martenne l'a ensuite insérée dans le ive vol. de son recueil (5). Du reste, et on l'a déjà dit, Labbe reconnut aisément que cette chronique était celle du monastère de St-Maixent, et qu'elle ne s'était trouvée que par accident dans l'abbaye de Maillezais.

Le père Labbe n'a rien imprimé de la chronique de St-Maixent, pour ce qui précède l'histoire des rois francks. Il ne donne, relativement à ces mêmes rois, que ce qui a trait au Poitou et surtout au monastère de St-Maixent, comme les

---

(1) J'ai en ce moment entre les mains une collection de lettres autographes et curieuses de Besly père et fils. Il s'en trouve de relatives à *l'Histoire des Comtes de Poitou* et à la publication de cet ouvrage.

(2) Jacques Dupuy, né à Agen, est mort à Paris le 17 novembre 1656. Garde de la bibliothèque du roi, il publia, avec son frère Pierre, plusieurs ouvrages, et seul il en fit paraître d'autres.

(3) Jacques-Auguste de Thou, né le 8 octobre 1553, et mort le 7 mai 1617.

(4) *Nova Bibliotheca manuscriptorum*, 2 vol. in-fo.

(5) *Veterum scriptorum et monumentorum historicorum amplissima collectio*, 9 vol, in-fo.

particularités de la vie de St Léger. Sur la seconde race, il s'étend davantage; et enfin, en avançant, il copie toute la chronique, sauf ce qui se trouve dans Adhémar de Chabanais. La moisson, pour notre province, est alors fort abondante, et la série des abbés de St-Maixent, par exemple, est exactement suivie, dans les derniers temps, jusqu'à Pierre Raimond, ou de Raymond, qui fut élu, vers le milieu du xii⁰ siècle, pour remplacer l'abbé Geoffroi, qui venait de mourir.

L'auteur de la chronique de Saint-Maixent fut longtemps un anonyme pour le monde savant; aussi, dans le *Recueil des historiens de France* (t. xi), les savants bénédictins disent-ils que le nom de cet écrivain est inconnu. Mais, vers la fin du xvii⁰ siècle, un prieur érudit du monastère de St-Maixent, dont j'aurai occasion de parler plus tard avec détail, après avoir reconnu que la chronique dite de Maillezais avait été écrite à St-Maixent, rechercha qui pouvait en être l'auteur.

D'abord dom Liabœuf s'assura que cette chronique avait été écrite, ou au moins terminée, du temps que Pierre Raimond était abbé de St-Maixent, puisqu'elle finissait par annoncer qu'il avait été élu en remplacement de l'abbé Geoffroi décédé.

Il se demanda ensuite si un simple moine de Saint-Maixent avait écrit cette même chronique, et il se fit une réponse négative, parce que, dans ce cas, ce religieux aurait parlé du gouvernement de l'abbé Pierre Raimond, dit Platon, surnom qui dénote la sagesse et la pureté de sa doctrine.

IX. Que pouvait-on conclure de cela? que Pierre Raimond est l'auteur de la chronique de St-Maixent. Il finit, en la signant pour ainsi dire, puisqu'il termine son curieux travail par des louanges pour son prédécesseur et la simple énonciation de son nom. (*Anno Domini* 1144. 5 id. jan. id est die 9ª ejusdem mensis obiit dominus Goffredus bonæ memoriæ abbas Sancti Maxentii. Hic in constructione cœnobii sui, et in augmentatione sui gregis curiosus ac devotus mansit, ut eventus in probat, et opera declarant. Hic monasterium quod ei domireus accomodaverat regendum post ultimum incendium quod evenit suo in tempore, foris ac semper construxit; cui successit Petrus Raimondi, monachus de Clusâ.)

X. Oui, c'est bien Pierre Raimond, comme dom Liabœuf l'a reconnu, qui est l'auteur de notre première chronique nationale. « La modestie de cet abbé, dit avec raison le savant prieur qui est venu après lui, ne lui aura pas permis de continuer, pour ce qui le concernait, et de se donner aucun éloge, comme il l'a fait à ses prédécesseurs. »

Ce qui prouve encore que Pierre Raimond est bien l'auteur que nous cherchons, c'est que la chronique de St-Maixent parle de faits relatifs à des monastères; qu'un autre que lui aurait bien difficilement connus; par exemple, des monastères de St-Michel de Cluse ou de l'Ecluse en Piémont, où il avait été religieux ; du monastère de Vézelay en Bourgogne, et de quelques autres qu'il avait sans doute visités, en se rendant d'Italie en Poitou.

XI. Dom Chazal, qui a écrit, dans le siècle dernier, sur l'histoire du monastère de St-Maixent, travail dont je parlerai plus tard, adopte entièrement le jugement porté par dom Liabœuf. Néanmoins, je dois le dire, dom Fonteneau, dans ses précieux manuscrits qui sont à la bibliothèque de la ville de Poitiers, semble hésiter sur la première charte, datée de 1134, où il est parlé de Pierre Raimond, sur le point historique dont il est ici question. « Pierre surnommé Raimondi, dit-il, succéda à Geoffroy en 1134, selon la chronique de St-Maixent dont *on le dit l'auteur*. » Dufour, mon savant collaborateur pour *l'Histoire des comtes de Poitou*, va plus loin encore, il s'exprime ainsi : « Dom Fonteneau dit que l'on croit cet abbé (Pierre Raimond) auteur de la chronique dite de Maillezais. Nous n'avons rien trouvé, continue-t-il, qui puisse justifier cette opinion. »

Mais l'ouvrage de dom Liabœuf et celui de dom Chazal avaient sans doute échappé aux savantes investigations faites par Dufour, dans les manuscrits réunis par dom Fonteneau; et je ne puis hésiter à adopter l'opinion de ces deux bénédictins et notamment celle de dom Chazal, parce que les motifs sur lesquels ils s'appuient me paraissent à peu près sans réplique.

Tenant ainsi pour vrai que Pierre Raimond est l'auteur de la chronique de Saint-Maixent, dite de Maillezais, il faut rechercher ce qu'il était, et les actes de son administration comme abbé de Saint-Maixent, car ce n'est que là où on peut trouver des traces de sa vie. D'abord, on voit que cet abbé est appelé en latin *Petrus Raimundi* ou *Raymundi*, qu'on peut traduire en français par Pierre Raimond ou Pierre de Raimond, ou peut-être par Pierre fils de Raimond, car on sait qu'au moyen-âge un second nom au génitif était souvent l'indication du père de l'individu qu'on voulait désigner. Ensuite, d'où venait Pierre Raimond? Quelques-uns ont prétendu qu'il avait d'abord été moine de St-Michel-en-l'Herm, et Dufour semble être de cet avis; mais le nom distinctif du monastère *in Eremo* (1), ajouté au vocable du saint, n'a aucune analogie avec l'indication *de Clusâ* qui se trouve dans la chronique de Maillezais. Il aurait été plus rationnel de supposer que Pierre Raimond avait été, avant d'être abbé de St-Maixent, moine de St-Michel-le-Clouq, près Fontenay-le-Comte (2), où il existait alors un petit mo-

(1) Tiré de sa position dans le marais méridional du bas Poitou.
(2) *Prioratus S. Michaelis Clausi*, d'après le Pouillé d'Alliot. Paris, 1626.

nastère ou prieuré dépendant de l'abbaye de Maillezais. Les deux noms latins au moins se rapprocheraient beaucoup.

Mais il était de notoriété, dans le monastère de Saint-Maixent, constatée par les historiens qui ont écrit après les deux chroniques, que Pierre Raimond était venu du Piémont. « *Petrus Raimundi*, dit dom Chazal, *monasticem professus fuerat in cænobio Sancti-Michaelis de Clusâ, in Pedemontibus, abbas Sancti-Maxentii eligitur anno 1144, post mortem Gosfredi, ut refertur in chronico Sancti-Maxentii cujus autor fuit ipse Petrus Raymundi.* » Comment, du reste, s'il eût été Poitevin, ou qu'il n'eût jamais été en Italie, aurait-il parlé du monastère de Cluse ou de l'Écluse en Piémont, d'assez peu d'importance ? S'il s'en est occupé, c'est que, sans doute, il y avait été religieux ; de même qu'il a parlé de Vézelay et de quelques autres établissements ecclésiastiques qu'il aura visités en se rendant du Piémont en Poitou.

Il serait difficile, on le sent bien, de connaître les causes qui portèrent un religieux d'au-delà les Alpes à venir de si loin à Saint-Maixent. Mais l'on sait qu'alors de pieux cénobites trouvaient du charme à quitter leur pays, pour se fixer à de grandes distances ; c'était, en agissant ainsi, en s'éloignant de ses parents et ses amis, délaisser d'autant plus le monde !

Une autre question serait à faire. On pourrait se demander quelle était la famille de l'abbé Pierre ? quel était ce Raimond dont probablement il était fils ? Si on voulait écarter ces investigations, en disant qu'il est oiseux ou impossible de découvrir l'origine d'un obscur moine, même devenu abbé et écrivain, dans le xiie siècle, on répondra que Pierre Raimond était né dans une haute position de la société. En effet, si on tient pour vrai ce que dit dom d'Achery dans son *Spicilegium* (tom. ii, pag. 452-453), dans une charte de 1146, consentie par Louis VII dit le Jeune, et Aliénor d'Aquitaine, son épouse, au monastère de Saint-Maixent, pour la forêt de *Saura*, Pierre Raimond est qualifié de parent du monarque ou plutôt d'Aliénor. Toujours est-il que cet abbé, dont la conduite fut telle qu'on lui donna pour surnom le nom d'un des sages de l'antiquité, vit se retirer près de lui, à l'abbaye de Saint-Maixent, où il demeura un an avant d'être sacré (1), Grimoard, abbé des Alleuds, frère de saint Géraud de Salles (2), qui, élu évêque de Poitiers après Pierre de Châtellerault, n'accepta que par contrainte, et en disant qu'*il aurait mieux aimé être lépreux qu'abbé, et qu'il aurait préféré souffrir le martyre qu'être évêque.* Grimoard

(1) Manuscrits de dom Fonteneau. Quand je cite des chartes sans indiquer d'où elles viennent, il faut les tenir comme étant de sa collection.

(2) Géraud de Salles a fondé plusieurs monastères en Poitou, notamment les Châtelliers et l'Absie en Gâtine.

s'exprimait avec franchise, et au bout de quelques mois il mourut des suites de la contrainte morale à laquelle il avait été obligé de céder. La terre aura été légère à ce prélat si pénétré de l'humilité évangélique !

XIV. Les actes d'administration de Pierre Raimond, comme abbé de Saint-Maixent, sont assez nombreux, et il faut remarquer ici, et en commençant, que la chronique de St-Maixent et dom Chazal sont en opposition avec dom Fonteneau, pour l'époque où cet abbé entra en fonctions. Les premiers indiquent l'année 1144, et le dernier mentionne 1134, en donnant des chartes dans lesquelles Pierre Raimond serait mentionné comme abbé de Saint-Maixent, bien avant le temps où la première chronique de ce monastère, dite de Maillezais, indique son élection. Alors il y aura eu erreur de copiste dans le manuscrit de cette chronique trouvé à Maillezais, et dans les travaux historiques qui en ont été la suite : on aura mis la lettre X en trop dans le millésime, et il faudra lire 1134 au lieu de 1144. Il doit en être ainsi, sans aucun doute, si, comme l'établit dom Fonteneau, l'hommage simple rendu par Hugues VII, seigneur de Lusignan, à Pierre Raimond, abbé de Saint-Maixent, est de l'année 1137, et si on doit dater de 1142 une autre charte relative à un repas pour trois personnes, que Jean Rogoz et sa mère avaient droit d'exiger du monastère de Saint-Maixent, à Romans, près Melle, le jour de la fête de Saint-Symphorien, patron du prieuré. Cette redevance, d'une espèce assez commune alors, fut, du reste, supprimée par un acte de 1145. On a déjà vu que l'abbé Pierre Raimond obtint la forêt de *Saura*, que dom Fonteneau appelle la forêt de Sèvre, et que dom Chazal prétend être la forêt de l'Epaus ; d'Aliénor d'Aquitaine, et il y a à ce sujet plusieurs chartes qui peuvent prêter à des observations. En 1149, Sanson, qui avait molesté le monastère de Saint-Maixent et ses religieux, et usurpé de leurs biens, fit une éclatante satisfaction entre les mains de l'abbé Pierre (1). En 1158, celui-ci reçut au nombre de ses moines le fils de Simon Esperun, du consentement de la mère et des frères de celui-ci, qui donnèrent, pour prix de son entrée en religion, une portion dans une prévôté et trois maisons à Saint-Maixent, dont une devait une livre de piment de rente, ce qui prouve l'usage qu'on faisait alors de cette épice en Poitou. Cette famille se dévoua tout entière au monastère de Saint-Maixent ; car, en 1153, Giraud Esperun fit don de sa personne, de celle de son fils et de celle de sa fille, à l'abbé Pierre Raimond et à ses moines avec la moitié d'une ouche, et le

---

(1) Manuscrit de dom Chazal, qui est en ma possession.

— 10 —

bourg situé autour de la porte poitevine. Arsende, femme du donateur, ratifia cet acte, en se réservant seulement un usufruit sur le bourg. La même année, l'auteur de la chronique dite de Maillezais fit un acte favorable pour la localité. Il donna aux hospitaliers de Saint-Maixent un vaste jardin, à la charge de recevoir gratuitement, dans leur établissement, tous les habitants de la ville qui tomberaient malades. Les maîtres d'école qui voulaient professer dans la ville de Saint-Maixent, devaient prendre licence de l'abbé et de ses religieux, et non ailleurs. Or, il arriva qu'un instituteur, qui était muni d'une autorisation d'enseigner, donnée par le monastère de Saint-Liguaire-sur-Sèvre, relevant de celui de St-Maixent, se mit à exercer dans la ville groupée auprès de ce dernier établissement ecclésiastique. Jaloux du droit qu'avait son abbaye de diriger l'enseignement dans cette localité, l'abbé Pierre s'opposa à ce que maître Tipaud (*Tipaudus*), c'était le nom de l'instituteur, continuât à donner des leçons, et il parvint à faire fermer cette école.

L'époque précise de la mort de Pierre Raimond est inconnue. Seulement, dans la continuation du cartulaire de St-Maixent, cartulaire dont je vais bientôt parler, on lit le passage suivant : « *Quo anno Petrus Raymundi vivere desiit, ignoratur; certè vivebat adhuc dùm Willelmus papiensis cardinalis legatus apostolicus venit in istas regiones. Obiit verò Petrus ante dicessum prædicti cardinalis et ante dominicam tertiam quadragesimæ quâ cantatur* Oculi mei. »

Toujours est-il qu'en 1175, Pierre Raimond n'existait plus, car son successeur Pierre de la Tour (*de Turro*) occupait déjà, dans cette année, le siége abbatial de St-Maixent (1).

XVI. Pierre Raimond ne se borna pas à écrire la chronique de St-Maixent; il fit aussi un cartulaire complet de ce monastère, dans lequel il copia ou fit copier les priviléges accordés à cet établissement religieux par des papes et par des rois, les donations, acquisitions et autres actes importants. Ce travail, précédé d'un prologue curieux, fut écrit sur du parchemin, format in-4°, en caractères de l'époque du xiie siècle. Pierre Raimond y fit entrer 89 chartes, à dater du règne de Ludwig Débonnaire, jusqu'en 1150, temps où il était encore abbé. Il dit qu'il a fait ce cartulaire afin de conserver les chartes, qui, séparées les unes des autres, étaient exposées à se perdre, et qu'il n'y a rien ajouté. Pour donner plus de poids à ses paroles, il affirme par serment ses assertions, et offre même de les faire soutenir par le duel, ce qui prouve qu'alors l'é-

(1) L'époque précise de l'élection de cet abbé est inconnue; c'est ce qui fait qu'on ignore quand mourut son prédécesseur.

preuve par les armes était encore en usage, même pour les ecclésiastiques.

Pour parachever le cartulaire formé par l'abbé Pierre Ier, car tel est son nombre dans la série des abbés de St-Maixent portant ce prénom, on ajouta au commencement du volume trois ou quatre cahiers concernant les hommages et les autres documents importants, depuis le temps de l'auteur jusqu'en 1250. Ce manuscrit fut enlevé par les protestants, à une époque où ils s'emparèrent de St-Maixent. On le retrouva plus tard, mais pourri en partie ou rongé par les vers. Dom Liabœuf le fit copier, pour servir de preuve à ses *Antiquités du monastère de St-Maixent*. Depuis, ce cartulaire, original et copie, a péri, ou du moins, s'il existe encore, il est perdu et on ne sait où le prendre; heureusement que les copies des principales chartes du trésor de St-Maixent, qui ont été prises par dom Fonteneau et existent dans sa collection, suppléent, en partie au moins, à la perte de ce précieux cartulaire.

XVII. Il faut ajouter, pour ce qui concerne Pierre Raimond, qu'il fut choisi par le roi Louis le Jeune, pour être juge du différend grave élevé entre le monastère de Maillezais et Sebran Chabot.

XVIII. Un vœu est émis par dom Liabœuf, c'est que la chronique de St-Maixent, dite de Maillezais, dont on n'a encore livré au public que des fragments, soit imprimée en son entier. Ce serait en effet une chose tout-à-fait désirable : et, pour mon compte, je me sentirais disposé à travailler à cette œuvre toute nationale pour un Poitevin (1); et pourtant d'autres travaux aussi importants, depuis longtemps entrepris et qui sont à terminer, absorbent presque tous mes moments disponibles (2) !

Pour appuyer d'autant plus ce vœu, il s'agit de faire sentir l'importance de la chronique de St-Maixent. D'abord il y a un peu de confusion dans ce morceau historique, et si, comme le disent les bénédictins dans le Recueil des historiens de France, on trouve, par exemple, des faits passés en 860

(1) L'Institut (académie des inscriptions et belles-lettres), à qui j'adresserai ce Mémoire, prendrait sa part dans la mise à exécution de ce vœu, s'il jugeait ce travail digne d'une distinction, lorsqu'il émettra un jugement relativement aux recherches faites sur les antiquités nationales. Je pourrais ensuite, et sur une si notable recommandation, obtenir la remise momentanée, entre mes mains, du manuscrit de la chronique de S-Maixent, dite de Maillezais, qui est à la bibliothèque du roi, pour la copier, en faire une traduction, l'enrichir de notes, et la faire imprimer.

(2) Je termine des ouvrages nombreux sur l'histoire de mon pays, qui sont commencés depuis longtemps.

avant d'autres arrivés en 840 ; plus tard l'ordre est suivi avec
soin, et la chronologie, disent de plus les savants éditeurs de ce
Recueil, y est assez exacte (1). « C'est la chronique, conti-
» nuent-ils encore, qu'on cite le plus souvent, surtout depuis le
» xᵉ jusqu'au milieu du xiiᵉ siècle, et elle finit à ce temps...
» Elle est d'un grand secours pour l'histoire du Poitou, de l'An-
» jou et des provinces voisines ; on y trouve l'histoire de la
» première croisade, presque jour par jour, et Baronius s'est
» souvent servi de ce travail..... On y fait la remarque que
» l'année de la reddition de Nicée aux croisés fut extrèmement
» calamiteuse. Au mois d'octobre, une comète fut vue pendant
» sept nuits ; dans ce mois il y eut un tremblement de terre ;
» le mois suivant, les insectes dévorèrent les semences confiées
» à la terre, et les rivières débordèrent tellement qu'elles ren-
» versèrent beaucoup d'habitations et firent périr grand nombre
» d'hommes. Chaque année de cette chronique fournit un en-
» chaînement d'événements plus ou moins étendus et intéres-
» sants. » Pour nous Poitevins, habitants de la terre sur
laquelle j'ai pris naissance et sur laquelle j'écris, pour nous
la chronique de St-Maixent a encore plus d'importance : elle
indique surtout ce qui tient à cette province, et elle est la première histoire du Poitou, car on peut lui donner ce nom, qui
ait traversé les siècles pour arriver jusqu'à nous (2). »

DEUXIÈME PARTIE.

XX. Je vais quitter le vrai pour entrer dans le faux, ou plutôt pour le combattre ; ce début surprendra sans doute. On aura
peine à croire que dom Bouquet et ses continuateurs, les savants et infatigables éditeurs du *Recueil des historiens de France*,
aient tenu pour sérieux, et inséré dans leur recueil, d'ailleurs
si estimable, si utile, un document qui ne contient, dans
presque toutes ses parties, qu'un tissu de fables et d'erreurs.
Encore si, en le publiant, les doctes bénédictins avaient noté
les mensonges qui y fourmillent ou qui le composent presqu'en
entier ? Mais point du tout, ces écrivains donnent cette seconde
chronique de St-Maixent comme un morceau historique et
méritant toute confiance ; ils le défendent même, dans une partie

(1) Il s'est glissé pourtant quelques erreurs dans cette chronique,
notamment en ce qui concerne l'âge et le gouvernement d'Odillon.
(2) Le père Phil. Labbe pense que cette chronique a été faite par
plusieurs auteurs. Le précieux manuscrit de ce document existe à la
bibliothèque du roi, nᵒ 5892, fonds de Thou, et renferme une addition
où on trouve le récit de la mort de Louis IX. Voir la *Bibliothèque
des croisades*, t. 1, p. 363.

essentielle, en soutenant la véracité du faux testament de Guillaume X, le dernier des comtes de Poitou, duc d'Aquitaine, et père de la reine Aliénor. Étonné que de telles erreurs aient échappé à l'érudition personnifiée (1), moi, simple écrivain de la province, n'ayant d'autre mérite que celui d'avoir vieilli sur les chartes et sur les gros livres (2), j'entre en lice avec de véritables géants en savoir, et la lutte semblera d'abord bien inégale. Néanmoins l'espérance dirige ma plume, j'ai pour moi le bon droit, et je parviendrai, je n'en doute pas un instant, à vous faire partager ma conviction, parce qu'elle repose sur des preuves sans réplique, sur la vérité en un mot.

XXI. La seconde chronique que j'entreprends d'examiner à fond a été pour la première fois publiée par dom Martenne, dans sa *Collectio amplissima* (t. v. col. 1147 et s.), sous le titre de *Fragments des Chroniques des comtes de Poitiers*, ducs d'Aquitaine. (*Ex Fragmentis Chronicorum comitum Pictaviæ, ducum Aquitaniæ.*) — Il y a joint un court fragment tiré d'une prétendue chronique de St-Michel-en-l'Herm, qui reproduit la mention d'un vicomte de Thouars qui n'a jamais existé et du nom de Trulle. Ensuite les bénédictins, continuateurs de dom Bouquet, ont inséré par lambeaux cette seconde chronique de St-Michel dans leur *Recueil des historiens de France* (3), en considérant ce morceau historique comme un supplément de la chronique dite de Maillezais (4).

XXII. Dom Martenne et les continuateurs de dom Bouquet s'accordent pour trouver l'auteur de cette chronique dans un moine anonyme du monastère de St-Maixent. Cette opinion est fondée, car elle résulte de quelques expressions de ce document. Quelques érudits ont pensé, d'un autre côté, que ce travail avait été fait par plusieurs rédacteurs, parce qu'il n'y a pas d'esprit de suite; mais, dans la réalité, tout peut bien être dû à la même plume. Au premier coup d'œil, on croirait qu'on a voulu faire une continuation de la première chronique de St-Maixent, dite de Maillezais. L'ordre des temps est inter-

(1) Qu'il me soit permis d'emprunter ici les expressions de M. Champollion-Figeac, dans les *Prolégomènes* placés en tête de l'édition de l'*Ystoire de li Normant*, publiée en 1835, par la Société de l'histoire de France : « Mon médiocre savoir sera toujours sincèrement respectueux devant des noms et des ouvrages comme ceux des bénédictins, et la raison commande, lorsqu'on a le bonheur de relever quelques-unes de leurs fautes, un bien modeste orgueil. »

(2) Depuis trente ans je m'occupe de recherches historiques particulières sur le Poitou et l'Aquitaine du nord, j'ai lu et relu toutes les chartes de la collection de dom Fonteneau.

(3) T. x, p. 285; t. xi, p. 372; t. xiii, p. 408; t. xviii, p. 242.

(4) T. xii, Préface.

verti, parfois, dans l'une comme dans l'autre. Le *Fragmentum chronicorum comitum Pictaviæ* ne rapporte aucune date, seulement il cite que tel fait est arrivé sous tel évêque de Poitiers ou pendant la domination de tel comte ; il s'étend depuis le commencement du xe siècle jusque vers 1280. Sa formule de citation de temps est en tête de ses divisions ; par exemple, au commencement de la première continuation, ou seconde partie, allant de 1159 à 1198, on lit : *Ex nostrâ chronicâ temporibus Laurentii, Johannis et Willelmi pictavensium episcoporum.*— Et pour la seconde continuation, ou troisième partie, qui va de 1198 à 1224 environ, l'intitulé est : *Ex chronicâ nostrâ temporum Aimari, Willelmi IV et Philippi pictavensium episcoporum.* Il est à remarquer qu'on a oublié de citer l'évêque Maurice de Blaison, successeur d'Aimar du Peyrat (*de Peirato*). Maurice fut fait évêque de Poitiers de 1198 à 1217 environ.

XXIII. Il est à regretter que dom Martenne ait ainsi commencé à donner cours, dans le monde savant, à une réunion d'erreurs très-graves et excessivement nombreuses, comme je l'ai déjà dit et ainsi que je vais bientôt l'établir. On doit s'étonner aussi que sa sagacité ne lui ait pas fait apercevoir ce qu'était véritablement ce qu'il imprimait. Sans doute ce savant n'aura pas examiné assez les matériaux qu'il plaçait dans sa précieuse collection. Ensuite on peut se demander comment dom Martenne, qui connaissait si bien les différents genres d'écritures de chaque siècle, s'est laissé tromper sur la date des caractères d'un manuscrit, et on aurait droit de s'en étonner. Mais on peut répondre ou que le savant religieux n'a vu ou cru voir qu'une copie de la chronique en question, ou que le faussaire avait à dessein parfaitement imité le caractère employé à une époque plus ancienne. Je suis porté à adopter cette dernière conjecture, lorsque je vois, ainsi que j'en justifierai plus tard, que certaine copie de ce document, en la possession d'un seigneur intéressé à faire passer la chronique pour vraie, à la fin du xvile siècle, était donnée comme l'*original en parchemin, du temps de Gauthier de Bruges.* Or ce prélat occupa le siége épiscopal de Poitiers de 1278 à 1306.

XXIV. Mais la science des bénédictins chargés de la publication du *Recueil des historiens de France*, a été doublement mise en défaut pour la seconde chronique de St-Maixent. En effet, d'abord ils l'ont publiée sans s'apercevoir de ses nombreux défauts, et ensuite, je l'ai dit déjà, ils l'ont défendue sur les doutes émis relativement à ce document, en ce qui concerne le prétendu testament de Guillaume X (1).

(1) *Recueil des hist. de France*, t. xii. Préfac. p. xxxii-xxxvi.

XXV. De nombreux auteurs, entraînés par le suffrage de dom Martenne et des successeurs de dom Bouquet, ont tenu pour vrai le *Fragmentum chronicorum*, et sont partis de son contenu pour ce qui concerne les vicomtes de Thouars et les familles seigneuriales du bas Poitou qu'on en fait descendre. Je citerai d'abord Meschin (1), dont l'ouvrage paraît être le premier imprimé de tous ceux qui ont parlé du faux Arnoul, premier vicomte de Thouars prétendu. Je nommerai aussi le père Arcère, écrivain habituellement très-judicieux. Mais il jurait d'après la parole du maître, et, malgré toute sa science, le maître s'était trompé. Voici du reste ce que dit Arcère dans son *Histoire de la Rochelle*.

« Ces seigneurs (Savary et Guillaume de Mauléon), dit Ar-
» cère, *Hist. de la Rochelle* (t. 1, p. 203), la citant en marge :
» *Chron. pictav. veter. script. t. 5*) descendaient d'Arnold,
» premier du nom, que son frère Eble, duc d'Aquitaine et
» comte de Poitou, fit vicomte de Thouars. Arnold II, l'un de
» ses enfants, bâtit le château de Mauléon ; et, dans la suite,
» le nom de ce château servit à désigner une branche de cette
» grande maison. »

: Drouineau de Brie, qui a écrit vers 1735, et d'après l'invitation de M. Lenain, intendant du Poitou, des *Mémoires sur Thouars*, demeurés manuscrits, a aussi payé son tribut à l'erreur, en indiquant le faux Arnoul comme premier vicomte de Thouars, et en parlant de Trulle et des autres vicomtes de la fabrique du moine anonyme de St-Maixent. Sans doute il aura été entraîné dans cette mauvaise voie par la connaissance qu'il aura eue de ce document apocryphe.

Berthre de Bourniseaux, qui a publié dans ces derniers temps une *Histoire de Thouars* (2), a marché sur les errements de Drouineau de Brie, qu'il a suivi pas à pas dans une grande partie de son travail.

XXVI. Thibaudeau, à qui on doit un *Abrégé de l'Hist. du Poitou* (3), écrit beaucoup trop vite, et qui contient pourtant

(1) L'ouvrage de Meschin est intitulé : *Histoire de Poitou, Saintonge et Aunis*. L'*Art de vérifier les dates*, l'*Histoire de Languedoc*, par dom Vaissette, l'*Histoire des Comtes de Poitou*, par Besly, même les *Annales d'Aquitaine*, par Bouchet, ne mentionnent pas la fausse série des vicomtes de Thouars. Seulement la dernière édition de Bouchet a, à sa suite, l'*Origine des Poitevins*, attribué à la Haye, ouvrage fabuleux au dernier point.

(2) *Hist. de la ville de Thouars*, Niort. Morisset, 1824, 1 vol. in-8.

(3) A Poitiers quelques personnes prétendent que Thibaudeau, avocat très-employé, avait composé son ouvrage presqu'en entier pendant les vacances d'une année : cela n'est pas probable, quoique le livre ait été fait, on le répète, avec précipitation.

beaucoup de faits, a été, et c'est de la critique, jusqu'à révoquer en doute l'existence du faux Arnoul ou Arnould, prétendu frère d'Ebles-Manzer, comte de Poitou, et qu'on indique comme la tige des vicomtes de Thouars. Il est bon de rapporter ici le passage où cet écrivain, mieux avisé que ses contempotains, paraît avoir aperçu la vérité.

La ville de Thouars, avec l'étendue de son ressort, fut donnée en apanage, suivant Méchin, par Ebles II, comte de Poitou, à son frère Arnoul, pour le tenir à titre de vicomté. Arnoul, premier vicomte de Thouars, voulant aller de pair avec les comtes de Paris et d'Anjou, prédécesseurs de Hugues-Capet, prit les armes de France, et porta d'or semé de fleurs-de-lis d'azur, au canton de gueules. Ces armes ont toujours été retenues par les successeurs d'Arnoul, jusqu'à ce que cette seigneurie tombât dans la maison d'Amboise.

Cette prétendue donation du vicomté de Thouars, faite par Ebles II, comte de Poitou, à son frère Arnoul, n'est appuyée d'aucune preuve; plusieurs circonstances la détruisent. Le comte Ebles, dont l'auteur veut parler, est sans doute celui à qui Besly et Bouchet donnent la dénomination de second du nom, mort en 935, quoiqu'il n'y ait point eu deux comtes de Poitou du nom d'Ebles. Le comte n'avait point de frère; il était fils unique et naturel de Ranulphe II, comte de Poitou; et dans le nombre des anciens seigneurs de Thouars, on n'en trouve aucun du nom d'Arnoul. Les armoiries n'étaient point encore en usage du temps d'Ebles, comte de Poitou, au commencement du Xe siècle. C'est Louis le Jeune, roi de France, qui a le premier pris les fleurs-de-lis pour armoiries, vers 1149, pendant les croisades. Le premier vicomte de Thouars qui paraît avoir eu les armes de France d'or, semé de fleurs-de-lis, au quartier de gueules, est Aimery VII, vivant vers 1294. Tout ce que dit Méchin à ce sujet n'est donc ni vrai ni vraisemblable (1). »

XXVII. Néanmoins, et on aurait peine à le croire, quand on connaît ses nombreux travaux sur l'histoire du Poitou, Dufour, dans son *Ancien Poitou* (2), a tenu pour vraie la seconde chronique de Saint-Maixent, et ce qu'elle contient; car d'abord il la cite (3) pour établir que Henri II et Aliénor étendirent l'enceinte de Poitiers, et ceignirent cette ville d'une muraille (4), et pour attribuer la fondation de la collégiale de St-Nicolas de Poitiers à Agnès de Bourgogne, successivement comtesse de Poi-

(1) Thibaudeau, *Abrégé de l'Hist. du Poitou*, t. III, p. 190 et 191.
(2) *De l'Ancien Poitou et de sa capitale.*
(3) Pag. 252.
(4) Pag. 374.

tou et comtesse d'Anjou ; ensuite, d'après cette chronique (1),
il fait fonder une chapelle dans l'église de St-Paul de Poitiers, par Alix, femme d'Eudes, vicomte de Poitiers, fils de
Gui (2). Enfin Dufour rapporte (3) que Hugues du Puy du Fou,
qu'il dit parent des anciens comtes de Poitou, ducs d'Aquitaine, toujours en suivant la chronique apocryphe, fit augmenter les bâtiments des Dominicains de Poitiers, à cause de
l'attachement que Hugues son père, et Valence de Lusignan
sa mère, inhumés dans l'église de ces religieux, portaient à
leur établissement. Seulement cet auteur, en se reportant à
Hugues qu'il dit avoir été marié, par la reine Aliénor, avec sa
parente Valence de Lusignan, même avant qu'il fût pourvu de
l'office de sénéchal de Poitou, qu'on lui fait occuper, d'après
l'anonyme de St-Maixent, paraît douter un peu de l'existence
de cette Valence. « Aucune généalogie de la maison de Lusignan, dit-il, ne parle de cette Valence, femme de Hugues.
*Cependant son existence ne peut être révoquée en doute, puis-
qu'elle est attestée par un auteur en quelque sorte contemporain.* »
On le voit, Dufour croyait à la véracité du *Fragmentum chronicorum.* Seulement il ajoute : « Besly fait mention d'une Valence, fille unique de Geoffroy de Lusignan, frère de Hugues V,
comte de la Marche, laquelle épousa Hugues l'Archevêque,
seigneur de Parthenay. (*Comt. de Poit.*, pag. 57.) Ce ne
peut être la même personne qui fut mariée à Hugues du Puy
du Fou. Je soupçonne que cette dernière pourrait bien avoir
été fille de Jeanne de Montchensy, comtesse de Pembrocke, et
de Guillaume de Lusignan, quatrième fils de Hugues X, tige
de la maison de Pembrocke, qui prit le nom de Valence, soit
qu'il naquit en ce lieu, soit parce qu'il lui fut donné en partage
avec plusieurs autres terres. Ce n'est, au surplus, qu'une conjecture. » Je pourrais dire que cette conjecture n'est pas fondée, mais ce n'est pas ici le lieu de s'en occuper.

XXVIII. J'ai prétendu que la seconde chronique de Saint-
Maixent ou le *Fragmentum chronicorum*, etc., est un tissu
de faussetés. Je suis arrivé au moment d'expliquer plus ample-
ment mon allégation, et peu après j'en ferai la preuve. Je dirai
donc que la série des évêques de Poitiers, sauf l'omission de
Maurice de Blaison parmi les évêques, et celle des ducs d'A-
quitaine, comtes de Poitou, sont vraies, mais que la série des
vicomtes de Thouars est de pure invention. Il en est de même

(1) Pag. 271.
(2) Pour l'*Histoire des Comtes du Poitou*, entreprise par Dufour et
par l'auteur de ce mémoire, ce qui concerne les vicomtes de Thouars
est rentré dans la partie du travail affecté à ce dernier.
(3) Pag. 307.

pour l'origine qu'on veut donner à certaines familles seigneuriales du bas Poitou, en les faisant descendre de la maison de Thouars. De plus, le testament du duc Guillaume X est une pièce fausse.

XXIX. A présent, il me reste à prouver ce que j'ai avancé. C'est d'abord de la fausse origine des vicomtes de Thouars, dont on fait descendre la maison des comtes de Poitou, et de la série de ces grands feudataires que je dois m'occuper. Ma preuve faite, pour cette première partie, et elle influera grandement sur ce qui concerne la suivante, je passerai aux maisons seigneuriales prétendues être des branches de la maison vicomtiale de Thouars. Enfin je viendrai à démontrer la supposition du prétendu testament du père de la reine Aliénor, successivement femme de notre roi Louis le Jeune et de Henri II, roi d'Angleterre.

XXX. Avant d'entrer en matière, je dois rappeler qu'il existe une très-grande difficulté pour établir la série véritable des vicomtes de Thouars, par le motif que l'ordre de succession n'était pas le même que dans les autres seigneuries. Comme ailleurs, le fils aîné ne succédait pas à son père, mais les frères se succédaient les uns aux autres en commençant par les aînés, et quand le dernier frère était décédé, le fils de l'aîné devenait vicomte titulaire, ses frères venaient après lui, et ainsi de suite. Il sera curieux de rechercher d'où provenait cet usage singulier, qui avait l'avantage de ne laisser presque jamais le pays sous la domination d'un mineur, et par suite sous le gouvernement d'un tuteur. De plus, tous les enfants d'un vicomte, aptes à posséder la vicomté à leur tour, prenaient le titre de vicomté, ce qui rend très-difficile de dire si à une époque donnée tel était vicomte régnant, ou s'il ne l'était que d'une manière honorifique.

Le mode de succéder à la vicomté de Thouars se rattachait, du reste, au droit général de succession usité entre les nobles, dans ce même pays, et indiqué par l'ancienne coutume de Poitou (1) ; il est aussi indiqué par Duchesne (2), qui tenait ces détails de Besly, d'après une lettre que lui adressa ce savant, le 23 mai 1620, lettre publiée par le père Anselme (3). « Tout ce qui étoit, dit Duchesne, entre les rivières de la Sèvre nantaise et de la Dive qui passe à Moncontour, avoit cette coutume que le fils aîné, s'il n'y avoit que des enfants mâles, prenoit tous les biens immeubles, et s'il y avoit des filles, une ou plusieurs, il en prenoit seulement les trois quarts avec le prin-

(1) Cette coutume a été abolie par les trois états du Poitou, en 1514, et e le l'a été, comme le dit Besly, *à cause de sa rigueur et par les troubles et procès qu'elle engendrait.*

(2) *Hist. de la maison de Chateigner,* t. 1, p. 8 et 9.

(3) *Hist. chron. et généal. de la maison de France.*

cipal château ou tel autre qu'il lui plaisoit choisir, avec ses clôtures; l'autre quart restoit aux filles. S'il y avoit des frères puînés, tant que l'aîné vivoit, ils ne prenoient rien, sauf la provision de neuf parties les deux, le tout de l'hérédité partagée en neuf, à sous-diviser entre les puînés; *et quand l'aîné décédoit, ses enfants ne lui succédoient point d'abord, mais seulement en meubles, et la terre qu'il avoit tenue passoit au premier frère puîné et de frère à frère, tant qu'il y en avoit, lesquels entroient successivement en foi et hommage de la même terre : par la mort du dernier de ses frères, elle retournoit de plein droit aux enfants de l'aîné.* Entre la Sèvre-Nantaise et la mer, le fils aîné prenoit les deux tiers seulement, l'autre tiers se sous-divisoit entre les enfants des frères puînés. Ce mode de succéder s'appeloit retour ou viage. »

XXXI. Je ne parlerai point de l'institution des vicomtes en général, parce que ce sera le sujet d'un travail que je publierai plus tard; je veux parler de mes *Recherches sur la mine d'argent, les monnaies, et les vicomtes de Melle*, et ce sujet y sera ébauché. Je me contenterai de dire à présent que vers 900, et au milieu des viguiers dont l'origine remonte à celle du comte de la province, et qui se perpétuèrent encore longtemps, malgré cette nouvelle création, quatre vicomtes apparaissent en Poitou, savoir : les vicomtes de Thouars, de Châtellerault, d'Aulnay et de Melle. Quant au vicomte de Thouars, ses possessions territoriales étaient plus considérables que celles des autres vicomtés réunies; plus tard, il devint tout-à-fait souverain, fit la paix et la guerre tantôt avec la couronne de France et tantôt avec la couronne d'Angleterre. Mais je ne veux pas anticiper sur le grand ouvrage auquel je travaille depuis plusieurs années, je veux parler de l'*Histoire des vicomtes de Thouars.*

XXXII. Seulement il est bon de remarquer ici que si l'origine du premier comte de Poitou, d'Abbon, revêtu de cette dignité par Karlemagne, en 778, à la création du royaume d'Aquitaine, est inconnue, et si rien ne prouve que cet officier fut parent du monarque, de même on n'a aucune donnée sur l'origine personnelle des quatre vicomtes établis en Poitou, vers l'an 900. Aucun document ne les rattache, ni les uns ni les autres, à la maison des comtes de Poitou, et ce ne fut point notamment un frère d'Ebles-Manzer, ni même quelqu'un connu pour être son parent, ni enfin quelqu'un du nom d'Arnoul ou d'Arnould, qui fut le premier vicomte de Thouars. Le premier vicomte véritable de cette localité que l'on trouve portait le nom de Savary; mais quelle était sa famille? On l'ignore entièrement. Du reste, je noterai que d'abord dans les chartes les vicomtes ne joignirent pas à leur titre l'indication du lieu de leur résidence.

Je vais donner la fausse série des vicomtes de Thouars du moine anonyme de Saint-Maixent, et je l'ai dressée en suivant exactement sa chronique. En regard, je placerai mes preuves pour établir la supposition de chacun de ces prétendus vicomtes. Je me servirai de caractères italiques pour indiquer tout ce qui est faux dans la série du religieux de St-Maixent, et j'emploierai des caractères romains pour ce qu'il y a de vrai et pour mes preuves de la supposition des vicomtes créés du propre mouvement du faussaire. Il me semble que ce mode aidera dans la lecture de mon travail.

XXXIII. Fausse série des vicomtes de Thouars d'après le moine anonyme de St-Maixent.

I. *Arnoul, premier vicomte de Thouars, frère d'Ebles-Manzer, comte de Poitou.*

On fait régner Arnoul sous l'épiscopat d'Egfried, évêque de Poitiers, mort en 900. Il fut, d'après la fausse chronique, un prince plein de courage, et ayant déclaré la guerre aux Bretons, il les vainquit sur leur propre territoire. On assigne une grande étendue à la vicomté de Thouars, qu'il aurait possédée le premier (1).

Marié à Roscille, fille de Foulques le Roux, comte d'Anjou, qui aurait porté à son époux Montreuil-Bellay et ses dépendances, dont :

1. Ebles, qui suit ;

2. Foulques, vicomte et seigneur de Bressuire, auteur de la maison de Bressuire B ;

3. Arnoul, vicomte et seigneur de Mauléon, auteur de la maison de Mauléon C. De cette maison est sortie la maison de Chateaumur D.

XXXIV. Démonstration de la fausseté de la série des vicomtes de Thouars, dressée par le moine anonyme de Saint-Maixent.

I. On ne trouve dans aucune charte l'indication d'Arnoul, qu'on dit frère d'Ebles-Manzer. Or, celui-ci était bâtard, et le mot de Manzer exprime cette qualité. De plus, Ebles-Manzer n'avait pas de frère, ainsi que Thibaudeau, du reste, l'a dit avec grande raison. Ce vicomte Arnoul est donc évidemment un être supposé.

Il me reste à attaquer en détail les indications données par la chronique que je critique, relativement à ce prétendu vicomte. D'abord, on dit qu'il vivait sous l'épiscopat d'Ecfrid, évêque de Poitiers, qui mourut en 900. Là se trouve une erreur, que reconnaîtront aisément ceux qui étudieront un peu à fond l'histoire du Poitou. En effet, ce ne fut qu'en 902 qu'Ebles-Manzer s'empara du comté de Poitou, en s'introduisant furtivement dans Poitiers (1). Or, comment le frère d'Ebles-Manzer, qu'on dit avoir reçu un partage de ce prince, aurait-il pu posséder ce même partage ou la vicomté de Thouars, avant qu'Ebles-Manzer fût devenu comte de Poitou ? Ici la chronologie éclaire l'histoire, comme elle

---

(1) Je ne parle pas ici des moyens qu'aurait employés Arnoul, d'après les autres documents apocryphes, pour augmenter sa puissance.

(1) Ce fait indique un complot en faveur d'Ebles-Manzer, et je cherche à éclaircir ce point dans l'*Histoire des Comtes du Poitou*.

— **21** —

FAUSSE SÉRIE.

DÉMONSTRATION.

le fait dans tant d'autres circonstances.

On dit aussi, dans la chronique, qu'Arnoul fut un prince courageux, qu'il fit la guerre aux Bretons, et qu'il les battit sur leur propre territoire. Or, pas un passage de chronique, pas une charte, ne parle de cette victoire.

Vient l'indication de la femme d'Arnoul. C'est Roscille, fille de Foulques le Roux, comte d'Anjou. Cette princesse a bien existé; mais, au lieu d'épouser Arnoul, elle fut mariée, en 943, avec Alain II, dit Barbetorte, comte de Nantes, et elle mourut sans enfants. On ne peut même pas supposer que Roscille ait épousé Arnoul en secondes noces, car elle décéda avant le seul époux avec lequel elle ait été unie. (ART DE VÉRIFIER LES DATES. — HIST. DE BRET., par D. Lobineau.) On prétend aussi que cette princesse porta en dot à son époux supposé Arnoul la terre de Montreuil-Bellay; mais cette seigneurie appartenait à la maison de Berlay.

II. EBLES, *fils aîné d'Arnoul et de Roscille d'Anjou.*

Il régna sous l'épiscopat de Frottier, évêque de Poitiers, mort en 936, et entra en guerre avec Adémar, un des grands du Limousin, relativement à la succession d'Hildegaire, son beau-père. Guillaume (Tête-d'Étoupes), duc d'Aquitaine, s'interposa comme médiateur entre les deux contendants à la vicomté de Limoges, et ils se rendirent respectivement les conquêtes qu'ils avaient faites l'un sur l'autre.

Marié à Altrude, fille d'Hildegaire, vicomte de Limoges, dont:

1. Gui, qui suit;

2. Trulle, 4e vicomte de Thouars.

II. L'existence d'Ebles, second vicomte de Thouars supposé, et prétendu fils d'Arnoul et de Roscille d'Anjou, n'est prouvée, non plus, par aucune charte, et je m'abstiendrai de faire cette remarque dorénavant, puisqu'elle s'applique à tous ses successeurs, sauf au dernier de la fausse série. On le marie avec Altrude, fille d'Hildegaire, vicomte de Limoges. Mais l'existence d'un vicomte de Limoges de ce nom, à l'époque donnée, est-elle bien établie? Toujours est-il que la guerre qu'Ebles aurait faite à Adhémar, autre vicomte de Limoges, à la mort d'Hildegaire, ne repose sur rien, et n'est pas même probable, puisque la vicomté de Thouars et celle de Limoges étaient séparées par d'autres états. De plus, les auteurs ne disent pas un mot de l'intervention prétendue de Guillaume Tête-d'Etoupes, comte de Poitou et duc d'Aquitaine, pour concilier Ebles et Adémar.

III. Gui Ier, *fils aîné d'Ebles et d'Altrude, succéda à son père.*

Il régna sous les épiscopats d'Alboin, de Pierre et de Gislebert, et fit bâtir, dans son château, une église sous le vocable de la Vierge et des Apôtres.

Marié à Agnès, fille d'Eudes, comte de Tours, qui aurait porté à son mari presque toutes les dépendances de Saumur.

De ce mariage seraient issus :
1. Eudes, 5e vicomte de Thouars ;
2. Guillaume Ier, 6e vicomte de Thouars.

IV. TRULLE, *second fils d'Ebles et d'Altrude, succéda à son frère, conformément à la règle particulière pour la transmission de la vicomté.*

Il régna sous l'épiscopat de Gislebert, évêque en 975, mort en 1023, et il existait encore lors de la première fondation du monastère de Maillezais. On prétend que ce vicomte fut inhumé dans l'église de St-Michel-en-l'Herm. Dom Martenne, dans sa Collection amplissime, t. V, col. 1159, 1160, a même publié un titre sans date, passé sous le règne de Henri Ier, roi de France, où il est dit que Trulle, surnommé de THOARCIO, vicomte en Poitou, et sa femme, augmentèrent les possessions de cette abbaye.

Marié à Radégonde d'Aunay, sœur d'Abomare, vicomte d'Aunay, dont :
1. Guillaume, surnommé Taillefer, seigneur de Pouzauges,

III. On donne pour femme à ce troisième prétendu vicomte, Agnès, fille d'Eudes, comte de Tours. Cet Eudes est probablement Eudes, premier du nom, second comte de Blois, mort en 995, qui eut bien une fille du nom d'Agnès, mais rien n'établit son mariage avec ce prétendu vicomte Gui. Aussi Chalmel, HISTOIRE DE TOURAINE, t. 1, p. 32, en parlant des enfants d'Eudes, s'exprime ainsi : « 6o Agnès, dont on ignore le » sort. » Si cette princesse avait été mariée à un vicomte de Thouars, quelques documents mentionneraient cette alliance.

On prétend de plus qu'Agnès de Tours porta à son époux presque toutes les dépendances de Saumur. On répondra à cela que les vicomtes de Thouars ne possédèrent point vers ce temps surtout, Saumur ni ses dépendances.

L'église dont on mentionne la construction, est sans doute celle dite du Châtelet de Thouars.

IV. Ce quatrième vicomte peut être d'autant plus aisément rejeté que pas un des vicomtes de Thouars n'a porté le nom de Trulle. Il est vrai pourtant que, relativement à lui, j'ai à répondre à une objection qui est la seule de ce genre qui puisse m'arrêter un peu dans ce travail. L'existence de Trulle, vicomte de Thouars, me dira-t-on, est justifiée par la charte tirée du monastère de Saint-Michel-en-l'Herm. Mais je répondrai que ce titre est faux comme le fragment de la prétendue chronique de ce monastère. La fausseté de la charte résulte des expressions employées dans son contexte, qui ne sont point celles dont on se servait à l'époque assignée au document. Je reviendrai sur cet indice de fraude en général, qui s'applique aussi à la seconde chronique de Saint-Maixent. Sur ce point, je dirai ici que dans aucun acte véritable un vicomte de Thouars ne s'est qualifié de VICOMTE DE POITOU. Dans les premiers temps, ils se disaient vicomtes,

auteur de la maison de Pouzauges E ; et de la maison de
Pouzauges , on fait sortir la
maison du Puy-du-Fou F, et la
maison de la Flocellière G.

2. *Hugues , archevêque de
Tours.*

V. EUDES, *fils aîné de Gui V
et d'Agnès de Tours, succéda à
Trulle, son oncle.*

Ce vicomte de Thouars aurait
régné du temps de Guillaume-
Gui-Geoffroy, comte de Poitou
et duc d'Aquitaine, et aurait,
conjointement avec sa femme et
ses enfants, accru les possessions de l'abbaye de St-Benoît
de Quinçay.

Marié à Alix d'Angoulême,
fille de Guillaume comte d'Angoulême. Elle aurait fondé une
chapelle dans l'église de St-Paul
de Poitiers, et aurait donné à
son mari trois fils, savoir :

1. Guillaume IV, 7e vicomte
de Thouars.

2. Aymeri, seigneur de Tif-

sans autre indication ; et , plus
tard , ils s'intitulaient vicomtes de
Thouars. Une expression aussi singulière , et non usitée, quand il
s'agit , du reste , d'un prétendu vicomte de Thouars, portant un nom
qu'aucun autre document n'attribue
à un vicomte de Thouars quelcon-
que, établirait suffisamment la supposition de la charte en question.
Mais il y a plus encore, cet acte a
d'autres expressions qui prouvent sa
supposition. En effet , il est indiqué
comme ayant été fait sous le règne de
Henri , roi de France, et Gislebert
étant évêque de Poitiers. Or , cette
date contient une contradiction ma-
nifeste, Gislebert étant mort en 1023,
et le règne de Henri Ier ne pouvant
se compter , au plus tôt , que du 14
mai 1027, époque où Robert, son père,
l'associa à la couronne, en le faisant
sacrer à Reims.

On voit qu'en s'appuyant sur cette
fausse charte, on donne pour femme,
à ce prétendu vicomte Trulle, Radégonde , sœur d'Abomare , vicomte
d'Aunay. — Mais il n'y a point eu de
vicomte d'Aunay de ce nom. De plus,
pour preuve encore que la seconde
chronique de Saint-Maixent est un
tissu de faussetés, c'est qu'on donne
à Trulle, pour second fils, Hugues,
archevêque de Tours. Or, ce prélat,
qui ne peut être que Hugues Ier, n'é-
tait point de la maison de Thouars.
Il était né du mariage de Hugues,
seigneur de Châteauroux, avec Hildegarde du Perche, ainsi que cela
est établi par des autorités non con-
testables. (Mabill. ANNAL. BÉNÉD.
I. LIII, n° LVII ; I. LV, nos LII et
LV) ACT. SS. BENED. SÆCUL. VI,
pars. 1, p. 417 ; Hugon, DE VIT. AR-
XULF. S. PAT. CARNOT., apud Bouquet,
t. X, p. 370, not. A.)

Y. Comme tous les autres vicomtes
de Thouars de la série du moine de
Saint-Maixent , Eudes n'est point
mentionné dans les chartes. Alix
d'Angoulême, qu'on lui donne pour
femme, aurait été fille de Guillaume
Taillefer III, comte d'Angoulême et

fauges et d'Herbauges, chef de la branche de Tiffauges H.

3. Renaud, seigneur de Tiffauges et d'Herbauges après Aimery son père, et ensuite 8e vicomte de Thouars.

VI. GUILLAUME Ier, frère du précédent vicomte.

Ce vicomte régna du temps de Guillaume-Gui-Geoffroy, duc d'Aquitaine et comte de Poitou, et fit don, conjointement avec sa femme et son fils, au monastère de St-Michel-en-l'Herm, de salines situées à Curzon.

Marié à Mathilde, dont la famille n'est pas indiquée, il vint de cette union un seul fils, Guillaume, d'abord seigneur d'Apremont, puis d'Herbauges, et enfin 10e vicomte de Thouars, auteur de la maison d'Apremont J.

VII. GUILLAUME II, fils aîné d'Eudes et d'Alix d'Angoulême, probablement non marié et mort sans postérité.

N. B. Ici on devrait placer, d'après quelques copies de la seconde chronique de Saint-Maixent, comme VIIIe vicomte de Thouars, Aimery (qui serait ainsi Aimery III), 2e fils d'Eudes et d'Alix d'Angoulême. Alors Renaud ne serait venu qu'après lui et serait le IXe vicomte de Thouars.

VIII. RENAUD, 3e fils d'Eudes et d'Alix d'Angoulême, et successeur de son frère Guillaume II. Dans ce système, il faudrait supposer qu'Aimery, 2e fils d'Eudes et d'Alix d'Angoulême, serait mort avant son frère aîné.

On fait figurer Renaud, avec le titre de vicomte, au prétendu testament du duc-comte Guillaume X, de l'an 1137.

Renaud aurait épousé Amite-Mahaud, dite Agnès, fille de Guillaume du Puy-du-Fou. Elle aurait survécu à son premier mari, à qui elle n'aurait pas

de Vitapoï; mais l'existence de cette princesse est douteuse, et rien, si elle a réellement existé, n'établit son mariage avec Eudes de Thouars.

VI. Rien de particulier à dire sur ce vicomte supposé, qui, comme les autres, ne paraît dans aucune charte.

VII. Il n'y a rien de particulier à dire, non plus, sur ce septième vicomte supposé, qui n'est pas plus mentionné dans les chartes que les autres.

VIII. C'est surtout d'après une copie manuscrite de la seconde chronique de Saint-Maixent que je place Renaud comme 8e vicomte de Thouars de cette série. Il aurait aussi, d'après cette copie, épousé Amite-Mahaud dite Agnès, sa parente, fille de Guillaume, seigneur du Puy-du-Fou, chambrier de Philippe Ier, roi de France.

On répondra d'abord que la maison du Puy-du-Fou, qui était peu marquante à cette époque, et qui n'a commencé à prendre de l'éclat que dans les guerres d'Italie (1), ne pos-

(1) Le château du Puy-de-Fou est un châ-

laissé d'enfant, et se serait re-
marié avec Ramire II, dit le
moine, roi d'Aragon, qui, après
avoir été relevé de ses vœux mo-
nastiques par le pape, serait
monté sur le trône à la mort de
son frère Alphonse, dit le Ba-
tailleur.

Ici finit la première partie du
Fragmentum Chronicorum. La
seconde partie est intitulée : Ex
nostrâ chronicâ temporibus Lau-
rentii , Johannis et Willelm ,
pictaviensium episcoporum , et
s'étend depuis l'an 1159 jusqu'à
1198.

sédait point la haute dignité de
chambrier ou de chambellan de
France.

Ensuite, on prétend que, Renaud
de Thouars mort, sa femme épousa
un roi, pas moins que cela, Ramire II,
roi d'Aragon, dit LE MOINE, parce
qu'il aurait embrassé la vie monas-
tique dans le couvent de Saint-Pons
de Tomiers, vœu dont il aurait été
relevé par le pape.

Il est vrai qu'après la mort d'Alphonse, dit LE BATAILLEUR, roi d'A-
ragon, les peuples de ce royaume
arrachèrent de son couvent Ramire,
frère d'Alphonse, et le proclamèrent
roi, et qu'il fut relevé de ses vœux
par le pape. Mais est-ce bien une
femme de la maison du Puy-du-Fou,
devenue veuve d'un vicomte de
Thouars, que Ramire épousa? Non,
sans doute. La femme de ce moine-
roi fut Agnès, fille de Guillaume IX,
dit le Vieux , duc d'Aquitaine et
comte de Poitou, et elle avait bien
été d'abord femme d'un individu
s'intitulant vicomte de Thouars; je
veux dire Aimery (1), qui n'a pas régné, et qui était fils de Geoffroy II
et d'Ameline, et père des vicomtes
Guillaume et Geoffroy III de la série
véritable des vicomtes de Thouars.

Du reste, il ne faut pas confondre
cette Agnès avec sa sœur, du même
nom, fille comme elle du duc-comte
Guillaume le Vieux. Elle fut abbesse
de Notre-Dame de Saintes ; et, dans
un diplôme inédit de 1142 , de la
collection de dom Fonteneau, Aliénor, alors femme de Louis VII , dit
le Jeune , roi de France , la qualifie

teau de la renaissance , bâti à la suite des
guerres d'Italie.
(1) Les copies de la seconde chronique de
St-Maixent qui donnent pour femme à Ramire, roi d'Aragon , la veuve d'un Aimery,
vicomte de Thouars, approchent plus de la
vérité, on le voit, que celles qui font cette
reine femme en premières noces de Renaud
du Puy-du-Fou; mais il y a encore inexacti-
tude, puisqu'il ne s'agit pas du même Aimery; et il y a fausseté complète en faisant
sortir cette femme de la maison du Puy-du-
Fou , tandis qu'elle était fille de l'avant-dernier duc d'Aquitaine, comte de Poitou.

de sa tante paternelle, AMITA SUA. Dans la NOUVELLE GAULE CHRÉTIENNE, cette abbesse est surnommée DE BAR-BEZIEUX, ce qui donnerait à penser qu'elle aurait précédemment épousé un seigneur de cette maison, ou bien encore qu'elle possédait des biens importants dans cette localité.

IX. GUILLAUME III, *fils de Renaud et d'Amite-Mahaud, d'abord seigneur d'Apremont, puis vicomte héréditaire de Thouars.*

Marié à Adelie, fille de Raoul, comte d'Eu, dont :

Gui II, qui suit.

La troisième partie de la seconde chronique de St-Maixent, sur laquelle je vais travailler, commence par ces mots : Ex chronicâ nostrâ temporum Amari, Willelm IV et Philippi, pictaviensium episcoporum. On a passé sous silence, ainsi qu'on l'a déjà dit, Adémar ou Aimar de Pérat ; cette continuation s'étend depuis l'an 1198 jusqu'en 1224 environ.

IX. On ne trouve point de fille du comte d'Eu mariée, à cette époque, avec un vicomte de Thouars.

X. GUI II, *fils du précédent vicomte, et d'Adelie d'Eu. Il succéda à son père dans le titre de vicomte de Thouars, et abandonna le parti de Philippe-Auguste, roi de France, pour s'attacher à celui de Jean-sans-Terre, roi d'Angleterre, qu'il reçut dans son château de Thouars. Le roi de France, pour punir Gui II de sa félonie, dévasta le Thouarsais, et le vicomte de ce territoire fut battu par Guillaume des Roches, maréchal de France.*

Marié 1o à Adelie de Pouzauges, fille unique et héritière de Guillaume, seigneur de Pouzauges, et d'Adelie de Châtellerault, dont :

1. Aimery, qui suit ;

2. Hugues, mort sans postérité ;

3. Savary, 12o vicomte de Thouars.

2o Remarié en secondes noces

X. On ne trouve point, à l'époque indiquée, une fille d'un seigneur de Pouzauges du nom d'Adelie, ni même un seigneur de cette localité du nom de Guillaume. Par voie de conséquence, point de mariage connu, au temps donné, d'un vicomte de Thouars avec la fille d'un seigneur de Pouzauges. Il y a plus, on ne rencontre aucune indication du mariage antérieur d'un seigneur de Pouzauges avec une Adelie de Châtellerault ; et cette fille d'un vicomte de Châtellerault paraît même n'avoir jamais existé, et elle n'est point mentionnée dans la généalogie des seigneurs de Châtellerault dressée d'après les chartes.

On fait ensuite marier Gui II, vicomte de Thouars, avec Constance de Bretagne, veuve de Geoffroy II, fils d'Henri II, roi d'Angleterre, et de ce mariage seraient sorties la princesse Alix, femme de Pierre de Dreux dit Mauclerc, duc de Bretagne, et Catherine, mariée au sire de Laval.

FAUSSE SÉRIE.

à *Constance de Bretagne, veuve de Geoffroy, fils de Henri II, roi d'Angleterre (ce qui fit que Gui II de Thouars régna sur la Bretagne), dont :*

1. *Alix, femme de Pierre de Dreux, dit Mauclerc, duc de Bretagne par sa femme, héritière de cette province du côté maternel;*

2. *Catherine, mariée à André de Laval.*

XI. AIMERY Ier, *fils aîné du premier lit de Gui II et d'Adelie de Pouzauges.*

Il succéda à son père en 1211, et, comme lui, il s'attacha d'abord à la cause de l'Angleterre; mais en 1224 N. s., Louis VIII, surnommé le Lion, marchant vers Thouars avec une armée, le vicomte parvint à arrêter les hostilités en convenant d'une trève d'un an. Plus tard le roi de France pardonna à Aimery Ier et reçut son hommage.

Marié à Agnès, fille de Gui, seigneur de Laval, dont :

1. *Gui, 18e vicomte de Thouars;*
2. *Aimery;*
3. *Hugues;*
4. *Renaud;*
5. *Agnès, mariée à Geoffroy II, seigneur du Puy-du-Fou.*

XII. SAVARY Ier, *3e fils du premier lit de Gui II et d'Adelie de Pouzauges, succéda à Aimery Ier, son frère aîné.*

Marié à Agnès, fille d'Evrard, seigneur de Valery, chambrier de France, dont :

DÉMONSTRATION.

Ici il faut distinguer : la matière est plus difficile, et l'historien Besly l'a dit avec raison. Tout n'est donc pas entièrement faux dans cette partie de la seconde chronique de Saint-Maixent. Gui, qui épousa Constance de Bretagne, fille de Conau IV, comte de Bretagne, veuve de Geoffroy d'Angleterre, et après femme de Raoul, comte de Chester, que les Bretons chassèrent de chez eux après la mort de Henri II, roi d'Angleterre, en prétendant illégal le second mariage de leur souveraine, était bien de la maison de Thouars. Il portait bien même le titre de vicomte, parce que tous les mâles de cette maison le portaient; mais il n'était pas vicomte régnant et effectif, qu'on me passe cette dernière expression, et il ne doit pas, dès lors, figurer dans la série des vicomtes de Thouars.

XI. Aimery Ier, qui serait Aimery II de cette série, si on compte un vicomte de ce nom immédiatement avant Renaud, aurait eu pour femme Agnès, fille de Gui, vicomte de Laval. Je ne trouve encore rien pour étayer l'existence de ce vicomte, et établir son mariage dans la maison de Laval.

XII. Le 12e vicomte de Thouars serait Savary, troisième fils de Gui II, issu de son premier mariage avec Adelie de Pouzauges. Savary aurait succédé directement à son frère Aimery, Hugues, le second frère, étant alors décédé.

1. *Gui* ;
2. *Renaud, seigneur de Tif-fauges* ;
3. *Adelle , femme de Renaud du Puy-du-Fou.*

XIII. Gui, IIIe *du nom, suivant le moine anonyme de Saint-Maixent, fils d'Aimery IV, vicomte de Thouars et d'Agnès de Laval.*

On donne pour femme, à ce vicomte prétendu, Agnès, fille d'Evrard, seigneur de Valéry , chambrier de France. Or , je ne puis savoir quel était ce personnage d'invention , comme presque tous ceux de cette série de vicomtes ou s'y adaptant. Je n'ai pu même découvrir où était placée cette seigneurie d'un chambrier de France imaginaire

XIII. Quant à ce treizième vicomte Gui III , qu'on dit fils aîné d'Aimery et d'Agnès de Laval, et successeur de Savary , on sait qu'il se trouve d'accord , pour le nom, avec la série véritable des vicomtes de Thouars, faite d'après les chartes. Seulement il y a différence pour le nombre à ajouter à la suite du nom. Au lieu d'être appelé Gui II , ce vicomte doit être appelé Gui 1er, et il était, ainsi qu'on l'établira, réellement fils d'Aimery V et de sa seconde femme, dont le prenom était Marie.

XXXV. On le voit, ce n'est point pour une chose difficile, pour n'avoir pas retrouvé le vicomte de Thouars qui régnait à chaque époque donnée , que j'attaque la seconde chronique de Saint-Maixent. On l'a déjà dit , ce travail est plus difficile à faire pour cette seigneurie que pour toute autre : Besly l'avait senti lui-même, car dans sa lettre du 23 mai 1620 , adressée à Duchesne, et donnée par le père Anselme dans son *Histoire de la maison de France*, il dit : « De toutes les grandes maisons du pays, il n'y en a pas de plus difficile à éclaircir que celle des vicomtes de Thouars. » Puis indiquant le *droit de retour*, ou le mode de succession de frère à frère, pour retourner, à la mort du dernier frère, au fils aîné du frère aîné et la continuation de frère à frère, il ajoute : « Voilà, en effet , la vraie source de cette déplorable confusion.... Par le moyen de quoi il se trouve souvent à la fois deux vicomtes de Thouars dénommés et consignés en quelques chartes de même date. Quelquefois aussi on trouve douze vicomtes qui ont succédé les uns aux autres en moins de trente ans. Ce qui est advenu de ce qu'un aîné qui avait plusieurs frères puînés venant à vivre longtemps et à décéder de vieillesse , ses puînés, conséquemment vieux , ne la faisaient pas longue après lui, nous laissant aujourd'hui en incertitude et à deviner lequel d'eux a été le père, qui est le fils , qui est l'oncle , qui est le

neveu. De sorte que la règle serait bien fausse en cet endroit,
par laquelle on donne quatre-vingt-dix ou cent ans pour trois
degrés en génération. » Néanmoins, je dirai qu'avec les chartes
qui établissent la filiation, et connaissant l'ordre de succéder,
on peut bien, à l'aide de recherches et de réflexions, aplanir
une partie des difficultés de la matière. Mais l'auteur de la
prétendue chronique des comtes de Poitou n'a pas péché pour
avoir seulement pris, pour un vicomte réel de Thouars, le frère
ou le neveu d'un vicomte de Thouars, prenant le titre de
vicomte d'une manière honorifique. Il a fait tout autre chose,
il a indiqué, comme ayant été vicomtes de Thouars, des individus qu'on ne trouve point dans la généalogie de cette maison et qu'aucune charte ne fait connaître. Il a supposé des
femmes issues de grandes maisons pour les marier à ces êtres
imaginaires de sa création, ou bien il a indiqué, comme mariées à ces êtres fabuleux, des princesses qui ont réellement
existé, mais qui se sont mariées ailleurs ou qui ont vécu dans
le célibat. Le faux est patent et la fraude résulte évidemment
de pareilles manœuvres.

XXXVI. J'ai cru qu'il n'était pas suffisant de prouver que
la série des vicomtes de Thouars, rédigée par le moine anonyme de Saint-Maixent, était fausse en tout point jusqu'au
douzième vicomte de cette liste et en le comprenant, mais qu'il
fallait faire encore une série véritable pour opposer entièrement la vérité à l'erreur. J'ai donc rédigé un tableau où cette
série véritable est établie, et en regard de l'indication de
chaque vicomte se trouve la mention des chartes qui établissent
son existence; de même que pour la fausse série, j'ai placé mes
motifs pour prouver la non-existence des vicomtes supposés.
Il m'a semblé que ce mode matériel était de nature à bien
fixer l'attention du lecteur et à bien faire comprendre mes
idées.

Du reste, pour cette série véritable des vicomtes de Thouars,
je ne me suis point arrêté au travail de Besly sur ce point,
travail qui a été inséré par le père Anselme dans son *Histoire
de la maison de France*. Cette généalogie est confuse, embar-
rassée et manque souvent d'exactitude (1). A plus forte raison,

(1) Je viens de dire que la généalogie des vicomtes de Thouars,
dressée par Besly et publiée par le père Anselme, est fautive, et je vais
ici donner quelques indications, pour qu'on puisse apprécier d'autant
mieux mon travail personnel. 1° Sur douze titulaires seulement, depuis
Savary Ier, le premier indiqué, jusqu'à Gui II, dont on note le décès
au 26 septembre 1308, dix vicomtes se succèdent du père au fils, ce
qui est contraire au mode de succession de la localité; ou il faudrait

je ne me suis point arrêté à la liste manuscrite des vicomtes de Thouars donnée par Drouineau de Brie dans ses *Mémoires sur Thouars* (1). Cette série, bien plus défectueuse que le travail du savant et judicieux Besly, qui, lui, a approché de la vérité, a été empruntée au religieux anonyme de St-Maixent et aux fabuleux mémoires attribués à la Haye. J'ai fait mon travail à neuf sur les chartes et autres documents originaux, et notamment sur les pièces qui composent la précieuse collection de dom Fonteneau, placée aujourd'hui dans la bibliothèque de la ville de Poitiers.

Voici le travail que j'ai annoncé comme établissant la vérité en cette partie, et prouvant d'autant plus la fausseté de la chronique dite des comtes de Poitou.

XXXVII. SÉRIE VÉRITABLE DES VI-COMTES DE THOUARS D'APRÈS LES CHARTES.

I. SAVARY Ier. C'est le premier vicomte de Thouars qu'on trouve dans les chartes.

(Règne de 905 à 924 (1).

(1) On indique les époques où positivement les vicomtes indiqués étaient

XXXVIII. PREUVES A L'APPUI DE LA SÉRIE VÉRITABLE DES VICOMTES DE THOUARS.

I. On ignore l'origine de Savary Ier, mais il était frère d'Ademar, abbé de Redon, en Bretagne. (Besly, *Comtes de Poitou*, 218, 222, 224(1).

(1) On ne prétend point donner ici une histoire même incomplète des vicomtes de

croire que chacun de ces vicomtes était fils unique, ou qu'au moins pas un de ses frères ne lui a survécu. 2° On n'indique point l'origine d'Herbert Ier, à qui le no III est consacré, et Geoffroi III, le sixième vicomte, fut le successeur de son aïeul. 3° Geoffroi II, mari d'Aénor, cinquième vicomte, d'après Besly, eut quatre garçons, Aimery, Savary, Raoul et Geoffroi, comme il est aisé de le prouver par plusieurs chartes, et on ne lui en donne pourtant qu'un seul. 4° Geoffroy III, sixième vicomte, avait quatre-vingts ans en 1120, ce qui prouve qu'il était né en 1040. Or, comment posséda-t-il la vicomté jusqu'en 1126, lorsqu'on fait vivre jusqu'en 1139, ce qui est exact, Aimery son frère aîné et consanguin, à qui, par conséquent, la couronne vicomtale appartenait avant lui? Gui, Hugues, Geoffroi et Raimond, que cette généalogie donne pour frères germains à Aimery, fils d'Herbert II, n'ont pu véritablement être frères de ce personnage, mort en 1139, mais d'un autre individu du même nom, puisque celui qui les reconnaît pour tels vivait encore en 1188.

(1) La liste manuscrite des vicomtes de Thouars, rédigée par Drouineau de Brie, commence, comme la série du moine de Saint-Maixent, par Arnoul, qu'on fait fils et non pas frère d'Ebles-Manzer, et elle est dressée comme il suit : 1° Arnoul, qu'on fait régner seulement en 911 ; 2° Gui Ier, petit-fils d'Arnoul ; 3° Arbert, en 973 ; 4° Trulle, en 1003 ; 5° Aimery Ier, en 1068 ; 6° Arbert II ; 7° Aimery II, en 1128 ; 8° Guillaume, en 1150 ; 9° Geoffroy ; 10° Aimery III ; 11° Gui II ; 12° Aimery IV, de 1219 à 1226 ; 13° Hugues Ier, en 1227 ; 14° Gui III. Je m'arrête ici pour ne pas aller plus loin que le moine anonyme de St-Maixent.

II. Aimery Ier, frère du précédent.

(Règne de 924 à 933.)

Marié à Aremburge, veuve en 933 ou 934.

III. Savary II. On ignore ce qu'il était aux précédents.

(Règne de ... à 943.)

Femme inconnue.

IV. Arbert Ier. On ne sait trop ce qu'il était aux précédents vicomtes. C'est ici que commence la filiation suivie des vicomtes de Thouars, autant que le mode de succession permet de les reconnaître.

(Règne, au plus tard, de 956 à 987.)

Marié à Aldéarde, fille de Kadelon, vicomte d'Aunay, dont:

1. Aimery, qui suit.
2. Thibault.
3. Raoul, 6e vicomte.
4. Savary.
5. Geoffroy, 7 vicomte.

V. Aimery II, fils aîné du précédent vicomte, lui succéda. On a prétendu qu'il avait réuni le titre de comte de Nantes à celui de vicomte de Thouars.

(Règne, au plus tard, en 987 jusqu'en 1003.)

Marié à Elvise.

Point d'enfant connu.

II. Il se qualifiait vicomte, dès 924, du vivant de son père, parce qu'alors tous les frères prenaient ce titre, et il figure aussi dans une charte de 933. Aimery Ier fut avoué de l'abbaye de Saint-Maixent.

III. Mentionné dans une charte datée de janvier l'an 6e du règne de Ludwig d'Outre-mer (942 ou 943), par laquelle Guillaume Tête-d'Etoupes, comte de Poitou, concède à cens des domaines situés dans le *pagus* de Thouars, viguerie de Thénezay, *villa* de Vasle, sur la recommandation du vicomte Savary.

IV. On trouve Arbert mentionné dans un grand nombre de chartes de 959, 969, 970, notamment dans une de 955 ou 956, l'an 12 du règne de Lhothaire, portant don à Saint-Cyprien de Poitiers de biens situés dans la *villa* de Crezé, *pagus* de Thouars; — à *Nogeriolum*, viguerie de Thénezay, et à *Ulmus* (Oulmes), viguerie d'*Arduacum* (Ardin); dans une charte présumée de 967, encore pour Saint-Cyprien. Vers 975 ou 976, confirmation du don de Flazais, aujourd'hui Clazais, près Bressuire, D. F. — Diplôme de l'année d'avant (*Nov. Gall. chr.*). — Etait mort en janvier 988, d'après une charte recueillie par dom Fonteneau. — Enterré à Saint-Maixent. — Aldéarde, sa veuve, fondatrice du monastère d'Airvault, rendit le monastère de Saint-Liguaire à Saint-Maixent.

V. Figure dans une charte pour St-Cyprien, datée de l'an 1er du règne de Hugues-Capet, ou après le 3 juillet 986. — Obtient de Guillaume Fier-à-Bras, comte de Poitou, le petit monastère, *cella*, de Saint-Michel-en-l'Herm, pour Saint-Florent de Saumur, et cela en 994, suivant dom Martenne. — Autre charte, faite à Saint-Hilaire de Poi-

---

vicomtes titulaires, mais ils ont pu commencer à régner plus tôt et finir plus tard.

Thouars; on ne fera que citer quelques faits ayant pour but d'établir qu'aux époques données les individus indiqués dans la série en regard étaient véritablement vicomtes titulaires de Thouars.

SÉRIE VÉRITABLE.

PREUVES.

tiers, l'an 6 du règne de Hugues-Capet, portant don par Guillaume Fier-à-Bras, la comtesse Emme et Guillaume, leur fils, à Bernard, abbé de Saint-Maixent. — Vivait encore, en 1003, d'après une charte donnée par dom Fonteneau.

VI. RAOUL, 3e fils d'Arbert et d'Aldéarde d'Aunay.

(Règne de 1010, au plus tard, jusqu'en ....)

Marié à Aremburge, surnommée Asceline, dont :

1. Aimery.

2. Des enfants non nommés dans les chartes.

VI. Cité dans une charte de 1010. Il concède à St-Cyprien de Poitiers le lieu de Flazais (Clazais), près Bressuire, se réservant les cas d'homicide, d'incendie, de vol et de rapt.

VII. GEOFFROY Ier, 5e fils d'Arbert et d'Aldéarde d'Aunay. A la fin de sa vie, il se fit moine à Saint-Michel-en-l'Herm où il fut inhumé.

(Règne de 1028 à 1047.)

Marié à Aénor, dont :

1. Aimery, qui suit.

2. Savary, marié à Babilone, dont vint un autre Savary.

3. Raoul.

4. Geoffroy, qui prit parti pour Geoffroy Martel, comte d'Anjou, dans la guerre que celui-ci fit à Guillaume le Gros, comte de Poitou.

5. Gognore, mentionné dans une charte pour la Chaise-le-Vicomte.

VII. En 1028, il fait un don à St-Maixent (*Chr. de Saint-Maix.*). En 1029, il gratifie le monastère de Saint-Cyprien de biens situés à Bressuire, près l'ancien château. —Confirme le don des églises de Boismé fait au même établissement religieux, par Raoul La Flamme.—A la sollicitation de son épouse, il donne encore l'église de Saint-Hilaire de Rié. — Ratifie le don fait par Garnisus et Raingarde sa femme, du domaine du Breuil-Bernard, à l'effet d'y bâtir un bourg et une église. — En 1047, il donne au monastère de Marmoutiers ses biens des Moutiers-sur-le-Lay. — Il avait fondé le monastère de Bellenoue. — Le château de Thouars fut incendié sous son règne.

VIII. AIMERY III, fils de Geoffroy Ier et d'Aénor, succéda à son père.

(Règne de 1047 à 1088, et peut-être au-delà.)

Marié, 1o à Arengarde, dont point de postérité connue ;

2o A Ameline, dont :

1. Arbert II, qui suit.

2. Geoffroy, 10e vicomte.

3. Hildegarde, mariée à Hugues de Lusignan, dit le Diable.

VIII. Il figure, comme vicomte de Thouars, dans une charte sans date, pour confirmer la possession de Flazais à Saint-Cyprien. Il était alors marié, et se dit fils de Geoffroy et neveu de Raoul. Détails précieux pour établir sa filiation. — En 1047, il confirme la possession de Bellenoue à Saint-Michel-en-l'Herm. Il entre en guerre avec Geoffroy-Martel, comte d'Anjou. (*Hist. Andeg.-fragm.*) — Figure dans une charte de 1056 (*dom Mabil.*), dans une autre de 1058 (*Besly*) et fait partie de l'expédition de Guillaume le Bâtard en Angleterre. — Commande une des ailes à Hastings. — Fait proclamer Guillaume roi, et revient en

IX. Arbert II, fils aîné d'Ai-
mery III et d'Asseline, succéda à
son père.
(Règne de 1092 à 1104.)
Marié à Agnès, dont :
Aimery IV, 11e vicomte.

X. Geoffroy II, second fils
d'Aimery III et d'Ameline, eut
d'abord Tiffauges en partage, et
succéda à Arbert II son frère dans
la vicomté de Thouars.
(On ne sait pas positivement
quand il commença à régner,
mais il occupait le trône vicom-
tial en 1123.)
Marié, 1° à ....., dont :
1. Aimery, marié à Agnès de
Poitou, sœur de Guillaume, le
Jeune, dernier comte de Poitou,
duc d'Aquitaine, dont :
1. Guillaume, 12e vicomte de
Thouars.
2. Geoffroy, 13e vicomte de
Thouars.
3. Et Arbert, qui fut à Jérusalem et y mourut, laissant pour
fils de sa femme Philippe :
1. Aimery V, 14e vicomte.
2. Hugues, 15e vicomte.
3. Geoffroy.
4. Raimond.
5. Et une fille appelée Philippe,
mariée au seigneur d'Argenton.
2° Remarié à Marie, dont :

Poitou (*Revue anglo-française*, t.
1er). Il s'intitulait vicomte par la
grâce de Dieu.—Aimery III vivait encore en 1088, d'après une charte pour
la Chaise-le-Vicomte.—La chronique
de Saint-Maixent ne le fait mourir
qu'en 1093, mais on croit que c'est
une erreur.
IX. Il n'est pas douteux, d'après
une charte pour la Chaise-le-Vicomte,
qu'il succéda immédiatement à son
père, et qu'il régnait dès 1092. Cette
charte est datée du 7 des ides de décembre, l'an 1099, la septième année de son gouvernement de la
vicomté de Thouars. Comme son
prédécesseur, il se qualifiait vicomte
par la grâce de Dieu, ou employait
des expressions analogues. Arbert II
vivait encore en 1104 ; mais d'après
une notice relative à la Chaise-le-
Vicomte, devenue momentanément
le chef-lieu de la vicomté, il était
près de mourir. Sa femme est citée
dans une charte de 1094.
X. Geoffroy II, d'abord seigneur de
Tiffauges, succéda à Arbert II, son
frère, dans la vicomté de Thouars,
d'après le mode en usage pour ce
grand fief. En 1123, il donna, de
concert avec sa femme et son fils
aîné, les terres du Grand et du Petit-
Luc, qui dépendaient de la collégiale
de Saint-Nicolas de Poitiers, au monastère de Montierneuf de la même
ville ; mais, comme il avait assigné
ces biens pour le douaire de sa femme, l'exécution de l'acte fut différée
en partie. Il fit la guerre au seigneur
de Mallièvre, près Mauléon, et s'empara de son château ; mais le comte
d'Anjou, se mettant du côté du
vassal, reprit la forteresse. Ce vicomte est aussi nommé dans une
charte publiée par la *Gaule chrétienne* (t. 11, Eccl. Pictav. inst. col.
330-331, n° VII).

1. Gui, duc de Bretagne, par Constance de Bretagne, sa femme.

2. Hugues Ier, 15e vicomte de Thouars.

XI. Aimery IV, fils d'Arbert II et d'Agnès, succéda à Geoffroy II, son oncle.

(Règne de 1126, au plus tard, jusqu'en 1139.)

Marié à Agnès ou à Sibille, suivant le père Anselme.

Point d'enfants.

XI. Aimery IV fut vicomte régnant dès 1126, au plus tard, d'après un titre conservé par dom Fonteneau; et un titre recueilli par la *Nouvelle Gaule chrétienne* le fait régner plus tôt. Toujours est-il qu'en 1139, sentant approcher sa fin, il fit venir Simon II, abbé de Saint-Jouin-de-Marne, et accorda, pour des prières et la promesse d'être inhumé dans ce monastère, la confirmation de la propriété, en faveur de cet établissement, du droit de fromentage dont Geoffroy II l'avait gratifié.

XII. Guillaume, neveu à la mode de Bretagne d'Aimery IV et adopté par lui. Il était petit-fils du vicomte Geoffroy II, et fils d'Aimery et d'Agnès, sœur de Guillaume, dernier comte de Poitou, duc d'Aquitaine.

(Règne de 1139 à 1149.)

XII. Guillaume nous apprend le nom de sa mère, et qu'il n'était que parent collatéral d'Aimery IV, son prédécesseur, dans une charte de 1139, conservée par dom Fonteneau, et relative au droit de fromentage possédé par Saint-Jouin-de-Marne. On ne trouve qu'un seul titre où il soit fait mention de son père, que Besly nomme Aimery, mais qu'il indique à tort comme ayant été vicomte titulaire. Guillaume rendit hommage à Henri Plantagenet, après son mariage avec Aliénor, fit le voyage de la Palestine, et vivait encore en 1149; mais, en 1156, il était bien certainement décédé.

Femme inconnue.
Point d'enfants.

On ne trouve dans aucune charte l'indication du nom de la femme du vicomte Guillaume. On ignore sur quel titre s'est appuyé le père Anselme pour dire, dans sa Généalogie de la maison de Lusignan, no VII (t. III, p. 55), qu'elle s'appelait Aénor; et, no VIII de celle des anciens vicomtes de Thouars, que son nom était Aimée de Lésignein. Besly lui donne aussi le nom de Ponce, sans s'appuyer sur rien de positif. Une généalogie manuscrite de la seconde maison de Ste-Maure donne pour femme à Guillaume, vicomte de Thouars, N. de Mareuil, fille d'Hervé de Mareuil, mais sans s'appuyer non plus sur aucune charte.

XIII. Geoffroy III, frère de Guillaume, lui succéda.
(Règne de 1156 à 1173.)
On ignore s'il fut marié et s'il eut ou non des enfants.

XIV. Aimery V (appelé Aimery VI par le D. Allonneau, *Revue anglo-française*, t. v, parce qu'il compte sans doute comme vicomte titulaire, Aimery, marié à Agnès de Poitiers), neveu des deux précédents vicomtes, et fils aîné d'Arbert, 8e fils d'Aimery et d'Agnès de Poitiers.
(Règne, au plus tard, en 1188 jusqu'en 1224.)
Marié, 1o à Sibille ou Agnès de Laval, dont on prétend qu'il sortit une fille mariée dans la maison de Châteaubriand.
2o A Marie, citée dans des titres du monastère de l'Absic, dont:
1. Gui 1er, 16e vicomte de Thouars,
2. Aimery, seigneur de la Chaise-le-Vicomte.

XIII. Geoffroy III jouissait de la vicomté de Thouars en 1156, année où il était l'allié de Geoffroy Plantagenet, frère d'Henri II, roi d'Angleterre et duc d'Aquitaine. Ensuite il prit parti pour Louis le Jeune, ce qui fit que le roi d'Angleterre assiégea et prit la ville de Thouars, en 1158, et soumit ce vassal indocile. Geoffroy est mentionné, comme vicomte de Thouars, dans deux chartes, sans date, que dom Fonteneau place sous l'année 1173. Très-malade, il reçut, cette année même, l'extrême-onction des mains de Bernard, abbé de Saint-Jouin-de-Marne.

XIV. Aimery V stipule comme vicomte de Thouars dès 1188; il parle de ses frères, et se dit neveu de Guillaume et de Geoffroy, et nomme sa mère Philippe. Dans une autre charte, encore donnée par dom Fonteneau, qui la place vers 1198, il se dit fils d'Arbert qui, voulant partir pour Jérusalem, donna à Pierre 1er, abbé d'Airvaux, le fromentage qu'il avait coutume de lever sur les hommes de ce monastère. Aimery, en se qualifiant de successeur de Geoffroy et de Guillaume ses oncles, avantagea encore les chanoines de Saint-Pierre-du-Châtelet de Thouars d'une quantité de blé à prendre sur les moutures du moulin de sa ville. En 1199, Aimery V fit une charte à Saint-Jouin-de-Marne, dans laquelle il parle de Philippe sa sœur, et de ses neveux Geoffroy et Guy, fils de cette sœur. Aimery V vivait encore quand Philippe-Auguste s'empara du Poitou, par suite de la confiscation prononcée contre Jean-sans-Terre, roi d'Angleterre. Le roi de France, pour se l'attacher, lui donna le château de Loudun et la dignité de sénéchal du Poitou. Cela ne l'empêcha pas de prendre parti de nouveau pour l'Angleterre; mais, en 1224, il fit une trève fameuse avec Louis VIII, et vécut encore quelque temps, d'après des chartes conservées par dom Fonteneau.

|

XV. Hugues Ier, frère d'Aimery V, d'abord seigneur de Villiers et de Montaigu, succéda à son frère dans la vicomté de Thouars.

(Commence à régner, au plus tard, en 1226 et fut peut-être jusqu'en 1234.)

Marié à Marguerite, dame de Montaigu et de la Garnache.

Point d'enfants.!

XV. Il rend hommage au roi Louis IX en avril 1226.

XVI. Gui Ier, fils d'Aimery V et de Marie sa seconde femme, succéda à Hugues Ier, son oncle.

(Commence à régner en 1234.)

Marié à Aliz de Mauléon, fille de Savary de Mauléon et d'Amite de Ré.

XVI. Il y a ici, pour la première fois, conformité de nom pour le vicomte régnant de Thouars, entre la fausse série et la série véritable. Seulement Gui était le premier du nom, et la seconde chronique de Saint-Maixent l'appelle Gui III.

XXXIX. Pour une dernière démonstration de tout ce que la série des vicomtes de Thouars, résultant de la seconde chronique de Saint-Maixent, a de faux, de dénué de toute vraisemblance, je crois convenable de mettre en regard cette fausse série avec la série véritable formée sur les chartes. On verra que toute la série du moine anonyme est fausse, sauf pour le treizième vicomte dont le nom est exact et qui manque encore par le nombre qu'on lui a attribué dans la série des vicomtes du même nom, puisqu'il est véritablement Gui Ier et qu'on le dit être Gui IIIe du nom. Toujours pour rendre plus sensible l'erreur et faire distinguer la vérité, la fausse série placée à gauche sera en caractères italiques, et la série véritable, placée à droite, sera en caractères romains.

XL. *Tableau comparatif de la fausse série des vicomtes de Thouars, rédigée par le moine anonyme de St-Maixent, et de la série véritable, dressée d'après les chartes.*

FAUSSE SÉRIE. | SÉRIE VÉRITABLE.

I. *Arnoul, premier vicomte de Thouars, prétendu frère d'Ebles-Manzer, comte de Poitou (on le fait régner avant 900).*

Marié à Roscille, fille de Foulques le Roux, comte d'Anjou, dont :

1. Ebles, qui suit.

2. Foulques, vicomte et seigneur de Bressuire, auteur de la maison de Bressuire B ;

3. Arnoul, vicomte et seigneur

I. Savary Ier. C'est le premier vicomte de Thouars qu'on trouve dans les chartes.

(Il a régné de 905 à 924.)

FAUSSE SÉRIE.	SÉRIE VÉRITABLE.
de Mauléon, auteur de la maison de Mauléon C. De la maison de Mauléon, on fait ensuite sortir la maison de Chateaumur D.	
II. EBLES, *fils aîné d'Arnoul et de Roscille d'Anjou (règne avant 920.)*	**II. AIMERY Ier**, frère du précédent. (Règne de 924 à 933 ou 934.)
Marié à Altrude, fille d'Hildegaire, vicomte de Limoges, dont :	Marié à Aremburge, veuve en 933 ou 934.
1. Gui, qui suit.	
2. Trulle, 4e vicomte de Thouars.	
III. GUI Ier, *fils aîné d'Ebles et d'Altrude (règne entre 975 et 1023).*	**III. SAVARY II.** On ignore ce qu'il était aux précédents vicomtes. (Règne en 943.)
Marié à Agnès de Tours, dont :	Femme inconnue.
1. Eudes, 5e vicomte de Thouars ;	
2. Guillaume Ier, 6e vicomte de Thouars.	
IV. TRULLE, *2e fils d'Ebles et d'Altrude (règne avant 1023).*	**IV. ARBERT :** on ne sait pas ce qu'il était aux précédents vicomtes ; à partir de lui, la filiation est établie.
Marié à Radégonde d'Aunay ; dont :	(Règne de 956 à 987.)
1. Guillaume Taillefer, seigneur de Pouzauges, auteur de la maison de Pouzauges E ; et de la maison de Pouzauges, on fait sortir la maison du Puy-du-Fou F, et la maison de la Flocellière G.	Marié à Aldéarde, fille de Kadelon, vicomte d'Aunay, dont : 1. Aimery, qui suit. 2. Thibault. 3. Raoul, 6e vicomte de Thouars. 4. Savary. 5. Geoffroy, 3e vicomte de Thouars.
2. Hugues, archevêque de Tours.	
V. EUDES, *fils aîné de Gui Ier et d'Agnès de Tours (règne entre 1038 et 1086).*	**V. AIMERY II**, fils aîné du précédent ; on a prétendu qu'il réunit le titre de comte de Nantes à celui de vicomte de Thouars.
Marié à Alix, fille de Guillaume comte d'Angoulême, dont :	(Règne, au plus tard, en 987 jusqu'en 1003.)
1. Guillaume Ier, 7e vicomte de Thouars.	Marié à Elvise.
2. Aimery, seigneur de Tiffauges et d'Herbauges, chef de la branche de Tiffauges H.	Point d'enfant connu.
3. Renaud, seigneur de Tiffauges et d'Herbauges après Aimery son frère, et ensuite 8e vicomte de Thouars.	
VI. GUILLAUME Ier, *frère du précédent, et 2e fils de Gui Ier et*	**VI. RAOUL**, 3e fils d'Arbert et d'Aldéarde d'Aunay.

FAUSSE SÉRIE.	SÉRIE VÉRITABLE.
d'*Agnès de Tours* (*règne de* .)	(Règne de 1010 , au plus tard , jusqu'en.....)
Marié à Mathilde d'Apremont, *dont :*	Marié à Aremburge , surnommée Ascéline , dont :
Guillaume, d'abord seigneur d'Apremont, puis d'Herbauges, et enfin 10e *vicomte de Thouars, auteur de la maison d'Apremont J.*	1. Aimery. 2. Des enfants non nommés dans les chartes.
VII. GUILLAUME II, *fils aîné d'Eudes et d'Alix d'Angoulême* (*règne en* .)	VII. GEOFFROY Ier, frère du précédent.
Probablement non marié et mort sans postérité.	(Règne de 1028 à 1047.) Marié à Aénor, dont :
N. B. Ici on devrait placer, d'après quelques copies de la seconde chronique de Saint-Maixent, comme VIIIe vicomte de Thouars, Aimery (*qui serait alors Aimery III*), 2e *fils d'Eudes et d'Alix d'Angoulême. Alors Renaud ne serait venu qu'après lui et serait le IXe vicomte de Thouars.*	1. Aimery, qui suit. 2. Savary, marié à Babilone, dont vint un autre Savary. 3. Raoul. 4. Geoffroy. 5. Gognore.
VIII. RENAUD, 3e *fils d'Eudes et d'Alix d'Angoulême, d'abord seigneur de Tiffauges et d'Herbauges* (*règne en* .)	VIII. AIMERY III, fils de Geoffroy Ier et d'Aénor. (Règne de 1047 à 1088.)
Marié à Amite-Mahaud dite Agnès, fille de Guillaume du Puy-du-Fou (remariée avec dom Ramire, roi d'Aragon), dont :	Marié, 1o à Arengarde, dont point de postérité connue ; 2o A Améline, dont :
Guillaume III, qui suit.	1. Arbert IIe, qui suit. 2. Geoffroy , 10e vicomte de Thouars. 3. Hildegarde, mariée à Hugues Ier de Lusignan, dit le Diable.
IX. GUILLAUME III , *fils de Renaud et d'Amite-Mahaud* (*règne* .)	IX. ARBERT II , fils aîné du précédent vicomte. (Règne de 1092 à 1104.)
Marié à Adelle, fille de Raoul, comte d'Aug, dont :	Marié à Agnès ,....., dont : Aimery IV , 11e vicomte.
Gui II, qui suit.	
X. GUI II, *fils du précédent vicomte* (*règne en* .)	X. GEOFFROY II, 2e fils d'Aimery III et d'Améline. (Règne en ... 1123 ...)
Marié 1o *à Adelle, fille de Guillaume, seigneur de Pouzauges, et d'Adelie de Châtellerault, dont :*	Marié à ....., dont : Aimery, marié à Agnès de Ptou, sœur de Guillaume, dernier comte de Poitou, duc d'Aquitaine, dont :
1. *Aimery, qui suit.*	1. Guillaume , 12e vicomte de Thouars.
2. *Hugues, mort sans postérité.*	2. Geoffroy , 13e vicomte de Thouars.
3. *Savary,* 12e *vicomte de Thouars.*	3. Arbert, marié à Philippe, dont
2o *A Constance de Bretagne,*	

FAUSSE SÉRIE.	SÉRIE VÉRITABLE.

(ce qui fit qu'il régna sur la Bretagne), dont :

1. *Alix, femme de Pierre de Dreux dit Mauclerc, duc de Bretagne par sa femme.*

2. *Catherine, mariée à André de Vitré.*

XI. AIMERY Ier, *fils aîné du précédent vicomte (règne   )*

Marié à Agnès de Laval, dont :

1. *Gui, 13e vicomte de Thouars.*
2. *Aimery.*
3. *Hugues.*
4. *Renaud.*
5. *Agnès, mariée à Geoffroi II, du Puy-du-Fou.*

XII. SAVARY Ier, *3e fils de Gui II et d'Adelie de Pouzauges (règne de   à   .)*

Marié à Agnès, fille d'Evrard, chambrier de France, dont :

1. *Gui.*
2. *Renaud, seigneur de Tiffauges.*
3. *Adelie, femme de Renaud du Puy-du-Fou.*

XIII. GUI, *3e du nom, suivant le moine de St-Maixent, fils d'Aimery, 11e vicomte de Thouars et d'Agnès de Laval, succéda à Savary Ier son oncle, dans la possession de la vicomté de Thouars.*

Là il y a conformité de nom, pour la première fois.

Ici finit la seconde chronique de St-Maixent.

---

1 et 2. Aimery V et Hugues Ier, 12e et 18e vicomtes de Thouars. 8. Geoffroy. 4. Raimond. 5. Et une fille appelée Philippe.

Remarié à Marie.

4. Gui, duc de Bretagne par Constance sa femme.

2. Hugues Ier, 15e vicomte de Thouars.

XI. AIMERY IV, fils d'Arbert II et d'Agnès.

(Règne de 1126 à 1130.)

Marié à Agnès ou à Sibille, suivant le père Anselme.

Point d'enfants.

XII. GUILLAUME, neveu à la mode de Bretagne du précédent vicomte, et adopté par lui. Il était petit-fils du vicomte Geoffroy II et fils du fils de celui-ci et d'Agnès, sœur de Guillaume, dernier comte de Poitou, duc d'Aquitaine.

(Règne de 1139 à 1149.)

Femme inconnue.

Point d'enfants.

XIII. GEOFFROY III, frère de son prédécesseur.

(Règne de 1150 à 1173.)

On ignore s'il fut marié, et s'il eut ou non des enfants.

XIV. AIMERY V (Aimery VI du D. Allonneau), neveu des deux précédents vicomtes, et fils aîné d'Arbert, 3e fils d'Aimery et d'Agnès de Poitou.

(Règne de 1188 à 1224.)

Marié, 1o à Sibille ou Agnès de Laval, dont on prétend qu'il vint une fille mariée dans la maison de Châteaubriand.

2o A Marie ....., dont :

Gui Ier, 16e vicomte de Thouars.

XV. HUGUES Ier, frère du précédent.

(Commence à régner en 1226, et fut peut-être jusqu'en 1234.)

FAUSSE SÉRIE.	SÉRIE VÉRITABLE.
	Marié à Marguerite, dame de Montaigu et de la Garnache.
	Point d'enfants.
	XVI. Gui Ier, fils d'Aimery V et de Marie, sa deuxième femme.
	(Commence à régner en 1234.)
	Marié à Alix de Mauléon, fille de Savary de Mauléon et de d'Amite de Ré.
	Il y a conformité de nom pour ce 16e vicomte, sauf qu'on l'appelle Gui III dans la fausse série, tandis que c'est Gui Ier.

XLI. En examinant les deux séries de vicomtes de Thouars, la fausse série imaginée par le religieux de Saint-Maixent, et que j'ai écrite comme résultant de ce document (1), et la série véritable qui résulte des chartes, on ne trouve aucune ressemblance dans les noms, aucune conformité pour les alliances. Il semble que le faussaire ait pris à tâche de brouiller tout et de substituer entièrement l'erreur à la vérité. Probablement il était peu instruit relativement à l'histoire locale, car s'il eût donné des indications véritables, il aurait eu plus de facilité à faire croire à de simples additions. Or ce n'est pas ainsi qu'il a agi, son travail est entièrement faux depuis le commencement jusqu'à l'avant-dernier article et en le comprenant. En effet, en jetant les yeux sur le *tableau comparatif* que je viens de donner, on verra qu'il n'y a que le dernier vicomte de chaque série qui porte le même nom, celui de Gui, mais avec un nombre différent.

Ma démonstration me paraissant complète au dernier point, je crois devoir m'arrêter ici pour ce qui concerne les vicomtes de Thouars.

TROISIÈME PARTIE.

XLII. Après avoir établi d'une manière incontestable la fausseté de la série des vicomtes de Thouars, résultat de l'ouvrage du moine anonyme de St-Maixent, je vais tracer, toujours d'après lui, les diverses séries des seigneurs du bas Poitou qu'il fait descendre de la maison vicomtiale, et en regard je

(1) J'ai, en effet, formé cette série, en suivant exactement la seconde chronique de St-Maixent. Seulement j'ai été embarrassé pour le huitième vicomte, qui peut être ou Aimery ou Renaud, son frère. Je me suis arrêté à ce dernier, parce que cela semble résulter d'une copie manuscrite du document en question, que l'on ne possède qu'incomplet.

donnerai les preuves pour établir encore la fausseté du document en cette partie. Toujours, d'après le même système, ce qui est faux sera en italique, ce qui est véritable, ainsi que l'indication des preuves, sera en caractère romain. En outre, pour plus grande facilité, j'ai donné une lettre particulière à la série principale ou des vicomtes de Thouars ; et à chaque série des seigneurs qu'on en fait descendre. C'est pour la série des vicomtes de Thouars la lettre A, pour la série des seigneurs de Bressuire la lettre B, pour les seigneurs de Mauléon et de Talmont la lettre C, pour la maison de Châteaumur la lettre D, pour la famille de Pouzauges la lettre E, pour les possesseurs du Puy-du-Fou la lettre F, pour les propriétaires de la Flocellière la lettre G, et ensuite pour ceux qu'on dit avoir été possessionnés de Tiffauges la lettre H.

XLIII. PRÉTENDUES BRANCHES CADETTES DE LA MAISON VICOMTALE DE THOUARS, QUI AURAIENT FORMÉ DES MAISONS SEIGNEURIALES EN BAS-POITOU.

XLIV. DÉMONSTRATION DE LA FAUSSETÉ DE L'ORIGINE PRÉTENDUE DE QUELQUES MAISONS SEIGNEURIALES DU BAS-POITOU, QU'ON FAIT DESCENDRE DE LA MAISON VICOMTALE DE THOUARS.

B. MAISON DE BRESSUIRE.

B. I. FOULQUES, *2ᵉ fils d'Arnoul, premier vicomte de Thouars, et de Roscille d'Anjou, fut le premier seigneur de Bressuire, et bâtit la ville de ce nom,* dans le grand fief de Gui Iᵉʳ, vicomte de Thouars, son parent, et cela sous l'épiscopat de Frottier, évêque de Poitiers, c'est-à-dire de 900 à 937.

D'une femme inconnue, il eut :
Guillaume, qui suit.

B. II. GUILLAUME, *seigneur de Bressuire, qu'il tint comme un fief relevant de Gui Iᵉʳ, vicomte de Thouars ; il eut, d'une femme inconnue :*
Thibault, qui suit.

B. III. THIBAULT, *seigneur de Bressuire.*

C. MAISONS DE MAULÉON ET DE TALMONT.

C. I. ARNOUL, *3ᵉ fils d'Arnoul, premier vicomte de Thouars, fut le premier seigneur de Mauléon. Il bâtit la ville et le château de*

B. Les deux premiers seigneurs de Bressuire qu'indique la fausse chronique, Foulques et Guillaume, n'ont jamais existé ; aussi ne les trouve-t-on point mentionnés dans les chartes. Quant à Thibault, il est un personnage réel, car c'est Thibault de Beaumont. Mais les seigneurs de Bressuire, de ce nom, *de Bello Monte, de Pulchro Monte,* suivant les expressions des actes rédigés en latin, ne descendaient point de la maison de Thouars ; ils tiraient leur nom et venaient de la terre de Beaumont, paroisse de Nueil-sous-les-Aubiers ; et devenus plus tard seigneurs de Bressuire, ils ont possédé cette baronnie pendant plusieurs siècles.

L'anonyme de St-Maixent ne poursuit pas plus avant la série des seigneurs de Bressuire, et je m'arrête aussi à ce point donné.

C. La prétendue origine de la maison de Mauléon, comme branche cadette de celle de Thouars, par Arnoul, troisième fils d'Arnoul, premier vicomte de Thouars, et de Roscille d'Anjou, est encore de pure suppo-

6

celle localité de 900 à 937 (sous l'épiscopat de Frottier).

Il épousa Humberge, fille de Raoul de Mortagne, dont il eut :

1. Ebles Ier, qui suit.

2. Arnoul, tige des seigneurs de Châteaumur D.

C. II. EBLES Ier, seigneur de Mauléon ; il eut, d'une femme inconnue :

Raoul de Mauléon, qui suit.

C. III. RAOUL, seigneur de Mauléon.

Ce troisième seigneur de Mauléon aurait, du consentement du seigneur de Mallièvre et de ses chevaliers, commencé à bâtir une église sous le vocable de St-Pierre, sur un terrain faisant partie de la dot de sa femme. Robert de Sanzay et Rulle d'Argenton souscrivirent la charte de fondation, en qualité de témoins. Raoul, qui aurait vécu sous Guillaume-Gui-Geoffroy, comte de Poitou et duc d'Aquitaine, et sous l'épiscopat d'Isambert II, évêque de Poitiers, aurait été enterré dans l'église par lui bâtie. On présume, le nom de la localité n'étant pas indiqué, qu'il s'agit de l'église de St-Pierre de Mauléon (aujourd'hui Châtillon-sur-Sèvre.)

Raoul de Mauléon épousa Hilarie, fille de Renaud, seigneur de Mallièvre, qui confirma une donation faite par son mari. Les enfants de ce mariage furent :

1. Ebles, qui suit.

2. Guillaume, seigneur de Talmont, souscripteur du testament de Guillaume X, dernier comte de Poitou, duc d'Aquitaine.

C. IV. EBLES IIe, seigneur de Mauléon ; il fit achever l'église sous l'invocation de St-Pierre, dont la construction avait été commencée par son père. Hilarie sa mère la dota de dîmes qu'elle possédait de son chef, du consentement de Renaud de Mallière-

sition. On ne trouve, en effet, dans les chartes ni dans les autres documents authentiques, cet Arnoul, premier seigneur prétendu de Mauléon, ni Arnoul, son second fils, dont on fait sortir les seigneurs de Châteaumur dont je parlerai bientôt. On a voulu les rattacher à des seigneurs de Mauléon, appelés Ebles, Raoul et Savary, dont l'existence est certaine et qu'on place mal en ordre. Je ferai remarquer qu'on donne pour femme à un Ebles qu'on fait deuxième du nom, une Adèle du Puy-du-Fou, fille de Hugues du Puy-du-Fou, et de Pétronille d'Angoulême, comme si un mince feudataire comme l'était alors un seigneur du Puy-du-Fou eût pu épouser la fille d'un comte d'Angoulême. Je reviendrai sur ce point en m'occupant de la maison du Puy-du-Fou.

Je ne crois pas devoir m'étendre davantage sur la fausse origine donnée aux seigneurs de Mauléon, dont la filiation présente quelques difficultés. Un jeune et savant ecclésiastique (1), né dans la localité, s'en occupe, et moi-même je fais un travail presque analogue pour précéder une notice étendue relative au guerrier-troubadour Savary de Mauléon, dont le nom si historique a été oublié dans la Biographie universelle. Je dois rédiger l'article destiné à réparer cette omission.

Seulement, sans établir la filiation véritable des seigneurs de Mauléon, et pour repousser celle du moine anonyme de St-Maixent, je donnerai quelques indications, d'après des chartes dont l'authenticité ne peut être contestée. En 1070, Raoul, seigneur de Mauléon, était en guerre avec Raoul, comte d'Anjou, et on trouve encore un Raoul de Mauléon en 1090. Néanmoins, vers 1090, Foulques est qualifié de seigneur de

(1) M. l'abbé Cousseau, né à Châtillon-sur-Sèvre, l'un des directeurs du grand séminaire de Poitiers, a déjà lu une partie de son travail sur les seigneurs de Mauléon à la Société des Antiquaires de l'Ouest.

vre son frère. Cette donation fut confirmée par Ebles, seigneur de Mauléon, et par Guillaume, seigneur de Talmont, ses enfants, en présence d'Arnoul de Châteaumur, de Renaud du Puy-du-Fou, de Robert de Mortagne, de Robert de Sanzay, et de Raoul d'Argenton, chevaliers. Ebles II de Mauléon figure, comme témoin, dans une prétendue charte en faveur de l'abbaye de Mauléon, accordée par Hugues du Puy-du-Fou et Théophanie dite de Bourgogne son épouse, et dans le testament prétendu du duc-comte Guillaume X où il est qualifié baron. Ebles aurait également fait des dons au monastère de l'Absie de concert avec sa femme.

Marié à Alipse ou Alix, fille de Hugues, seigneur du Puy-du-Fou, et de Pétronille d'Angoulême, dont :

1. Raoul, mort sans postérité avant son frère puîné.

2. Savary, qui suit.

C. V. SAVARY, seigneur de Mauléon. C'est le fameux Savary de Mauléon, guerrier et troubadour.

Mauléon. En 1099 et 1117, l'on rencontre Geoffroy de Mauléon. Un peu après, on trouve un Savary de Mauléon, premier du nom, dont ne parle pas la fausse chronique et qui a été inconnu aussi au père Arcère, auteur de l'*Hist. de la Rochelle*. En effet, en 1136 au plus tard, Savary de Mauléon fait un don à Geoffroy de Lauriole, abbé de Fontaine-le-Comte, du consentement de Guillaume, comte de Poitou, duc d'Aquitaine, et l'existence de ce premier Savary, établie encore par d'autres chartes, n'est pas douteuse. Je m'arrête là pour ce qui concerne Mauléon, afin de ne pas anticiper sur une spécialité que je dois traiter plus tard.

La fausse chronique signale comme seigneur de Talmont, Guillaume, second fils de Raoul, troisième seigneur de Mauléon, en l'indiquant comme un des témoins dans le testament supposé du duc-comte Guillaume X, dit le Jeune, père de la reine Aliénor.

Je n'entrerai point dans les longs détails qui seraient nécessaires pour établir la filiation de la maison de Talmont, qui ne descendait point non plus de celle de Thouars. Talmont, qui a appartenu au célèbre Savary de Mauléon, et auparavant à Ebles de Mauléon, a passé au contraire des Mauléon, après la mort du guerrier-troubadour, aux vicomtes de Thouars. Aussi je joins ici ce qui est relatif aux deux maisons de Mauléon et de Talmont, puisque sous Savary de Mauléon, et même antérieurement, c'était la même maison qui possédait ces deux baronnies. Vouloir remonter jusqu'à l'époque où elles étaient divisées, par exemple jusqu'à Pepin le Chauve, sire ou prince de Talmont, qui, antérieurement aux croisades, bâtit le château de Talmont, nécessiterait un travail étendu et en dehors de celui-ci, déjà assez compliqué et extrêmement chargé de faits (1).

_____

(1) Je donnerai plus tard, sur Talmont,

PRÉTENDUES BRANCHES, ETC.	DÉMONSTRATION.

D. MAISON DE CHÂTEAUMUR.

D. I. ARNOUL Ier, *deuxième fils d'Arnoul, premier seigneur de Mauléon, eut en partage la terre de Châteaumur.*

Il eut d'une femme inconnue :
Arnoul II, qui suit.

D. II. ARNOUL II, *seigneur de Châteaumur. Il fit don, conjointement avec sa femme et son fils, à l'abbaye de Montierneuf de Poitiers, de la dîme du Puy-Notre-Dame, et souscrivit, comme témoin, la donation faite à l'église de St-Pierre, par Hilarie, femme du seigneur de Mauléon.*
Marié à Adelmode, dont :
Raimond, qui suit :

D. III. RAIMOND, *seigneur de Châteaumur.*

La chronique s'arrête à ce troisième seigneur de Châteaumur.

E. MAISON DE POUZAUGES.

E. I. GUILLAUME Ier, *dit Taillefer, fils aîné de Trulle, 4e vicomte de Thouars, et de Radégonde d'Aunay, eût en partage la seigneurie de Pouzauges, pour relever en fief de la vicomté de Thouars, possédée alors par son cousin Eudes, fils de Gui Ier. Guillaume Taillefer fit quelques dons au monastère de Saint-Maixent, conjointement avec sa femme, et fut enterré à St-Michel-en-l'Herm, sous l'épiscopat de Gislebert Ier.*

Il épousa Mathilde, fille de Renaud, seigneur de Mortagne, qui apporta en dot à son mari la terre du Puy-du-Fou. De ce mariage provinrent :
1. Trulle, qui suit.
2. Renaud, premier seigneur du Puy-du-Fou P.

E. II. TRULLE, *seigneur de Pouzauges. Il figure comme témoin dans la charte de fondation de l'église de St-Pierre de Mauléon, et dans celle par laquelle Hilarie lui donne des dîmes qu'elle possédait de son chef.*

D. On ne trouve point ces seigneurs de Châteaumur dans les chartes. On rencontre, au contraire, dans un titre du 24 octobre 1090, qui fait partie de la collection de dom Fonteneau, un Guillaume de Châteaumur, qui paraît avoir été parent proche du seigneur de la Flocellière. Il y a lieu de croire que ce Guillaume de Châteaumur est le même personnage qui souscrivit une redevance annuelle de dix sous, en faveur de l'église de la Chaise-le-Vicomte, lorsque le vicomte de Thouars fit contribuer tous ses vassaux à la dotation de cet établissement.

E. Je noterai ici les faussetés multipliées qui se rapportent au mariage du prétendu seigneur de Pouzauges avec Radégonde d'Aunay. D'abord, pas un des vicomtes d'Aunay portant le nom de Kadelon, de Cadelon ou de Kalon, qui ont régné sans interruption de 919 à 1024 environ, n'a eu de fille mariée à un sire de Pouzauges ; et il en est de même pour Kadelon IV, qui a régné de 1028 à 1031, et pour Kadelon V, vicomte d'Aunay, de 1079 à 1083. Je n'ai trouvé aucun titre, parmi les milliers de chartes relatives au Poitou qui m'ont passé par les mains, d'où il pût résulter que les vicomtes d'Aunay eussent eu, loin d'eux et près de l'Anjou, la seigneurie de Bouillé-Loretz. Mais ce que je puis attester encore mieux, d'après la suite à peu près complète de titres que je possède sur la Flocellière, cette terre, qui a été érigée en marquisat, au mois de juin 1645, pour un de mes aïeux, n'a point été en la possession des vicomtes d'Aunay. L'un

lieu fort ancien et chef-lieu d'une viguerie, des détails curieux.

Trulle concéda au monastère de Montierneuf, du consentement de sa femme et de ses enfants, tout ce qu'il possédait dans Bouillé-Loretz.

Marié à Mahaud, fille de Kadelon, vicomte d'Aunay, qui porta en dot à son mari Bouillé-Loretz et la Flocellière. De ce mariage il vint :

1. Guillaume, qui suit.

2. Renaud, premier seigneur de la Flocellière G.

E. III. GUILLAUME II, seigneur de Pouzauges : il consentit la donation faite au monastère de Montierneuf, et fut présent à une concession faite par Hugues du Puy-du-Fou, en faveur de l'abbaye de Mauléon. Guillaume II paraît être le même que l'individu du même nom qui souscrit, en 1137, le testament prétendu du père de la reine Aliénor.

Marié à Adelie de Châtellerault, fille de Hugues, vicomte de Châtellerault, dont :

Adelle de Pouzauges, mariée à Gui II, 10e vicomte de Thouars.

La chronique du moine anonyme de St-Maixent s'arrête là, parce que, dans son système, la terre de Pouzauges serait rentrée, par Adelle, dans la maison des vicomtes de Thouars.

d'eux, du nom de Kadelon, particulier à cette maison, n'a donc pas pu la donner en dot à une de ses filles, qu'on marie de plus, contre la vérité, à un sire de Pouzauges.

Si on s'appuyait, pour établir l'existence de Guillaume de Pouzauges, du testament de Guillaume X, père de la reine Aliénor, je répondrai que ce testament est supposé, et plus tard je le prouverai.

J'ajouterai seulement ici qu'on rencontre, dans ce même testament, un Richilde qui se dit baron et frère de Guillaume de Pouzauges, quoique le *Fragmentum chronicorum* ne donne pour frère à celui-ci que Renaud. Si tous ces personnages n'étaient pas de fabrique, qu'on me passe l'expression, il faudrait supposer que ce Richilde n'était pas encore né, ou qu'il était tellement jeune lors d'une donation prétendue faite par Trulle son père à l'abbaye de Montierneuf, qu'on l'aurait passé sous silence. Néanmoins, on trouve souvent dans les chartes la mention d'enfants des donateurs encore au berceau.

C'est encore à tort que Guillaume II de Pouzauges est indiqué comme sénéchal de Poitou; on ne le rencontre point sur la liste des personnages élevés à cette haute dignité, liste faite d'après les chroniques et les chartes. Ce travail a été fait par M. Filleau, et il a été inséré dans le tome III du *Bulletin de la Société académique de Poitiers* (1).

Je viens à la femme qu'on donne à ce troisième seigneur de Pouzauges, qui est Adelle, fille de Hugues,

(1) D'après le texte de M. Filleau, les sénéchaux de Poitou, vers l'époque indiquée, auraient été Guillaume de Mauzé (*W. de Mausiaco*), en 1145; Radulphe de Hastings, sénéchal pour la reine Aliénor, en 1154; Raoul de la Faye (*de Fayà*), vers 1170; Raoul de Forges (*de Forgiis*), en 1174; Guillaume Chapon (*W. Capone*), en 1181; Robert de Montmirail, en 1188, et Geoffroy de la Celle (*de Cellà*), jusqu'en 1203. Cependant on trouve en même temps Pierre Bertin (*Petrus Bertini*), sénéchal pour le roi d'Angleterre, en 1199, et Robert de Turnéham, qui le fut en 1201.

vicomte de Châtellerault. Or, pas un des trois vicomtes de Châtellerault, du nom de Hugues, n'a eu, d'après les documents du temps, une fille du nom d'Adélie, ou même une fille mariée à un seigneur de Pouzauges.

Cette maison de Pouzauges, qu'on fait descendre des vicomtes de Thouars à une époque aussi éloignée, est donc le fruit du mensonge.

Je trouve, au contraire, comme ayant réellement existé, en qualité de seigneur de Pouzauges, à l'époque où l'on indique une fausse série des seigneurs de cette localité, Maurice de Pouzauges, *de Pozalgiis*, qui, en 1099, consentit une redevance annuelle de dix sous en faveur de l'église de Saint-Jean-l'Évangéliste de la Chaise-le-Vicomte, à laquelle le vicomte de Thouars faisait donner par ses principaux vassaux. Cette charte, tirée du monastère de Saint-Florent de Saumur, a été conservée dans la collection de dom Fonteneau à Poitiers, et dans celle de dom Housseau à la bibliothèque du Roi, à Paris. Mais d'où sortait ce Maurice de Pouzauges? On l'ignore. Il est probable, néanmoins, que ses aïeux étaient là, quand les possesseurs féodaux des terres commencèrent à en prendre les dénominations comme noms de famille.

Quant à un Milon de Pouzauges qui se trouve dans une charte de 1174, en faveur de Mauléon, conservée encore par dom Fonteneau, je ne le considère pas comme ayant appartenu à la maison seigneuriale de Pouzauges, mais comme un homme obscur de cette localité, qui en joignit la dénomination à son prénom, afin de se faire reconnaître. C'était l'usage du temps.

Il y a bien eu, mais plus tard qu'à l'époque indiquée dans la seconde chronique de Saint-Maixent, une maison de Pouzauges, sortie des vicomtes de Thouars. En effet, elle a commencé seulement à Hugues de Thouars, troisième fils de Gui II, vicomte de Thouars, et de Marguerite de Brienne, et frère puîné de Jean, vicomte de Thouars. Hugues de Thouars, seigneur de Pouzauges, fut envoyé par le roi de France, en 1205, avec Jean II, sire d'Harcourt, à la Rochelle et dans le pays d'Aunis, pour garder les côtes et s'opposer aux entreprises d'Édouard Ier, roi d'Angleterre. C'est de lui que sont sortis successivement, comme fils, petit-fils et arrière-petit-fils, Miles Ier, Renaud et Miles II de Thouars, seigneurs de Pouzauges. La branche de Thouars-Pouzauges finit à Miles II, ce seigneur n'ayant eu, de son mariage avec Béatrix de Montjean, qu'une fille, Marguerite de Thouars, dame de Pouzauges, de Chabannais et de Confolens, qui épousa en premières noces, en 1420, Gilles de Laval, seigneur de Rais, maréchal de France, et en second mariage, Jean Ier de Vendôme, vidame de Chartres. Catherine de Thouars-Pouzauges vivait encore en 1460; d'après un arrêt du parlement de Paris, et par suite de sa seconde union, ses biens passèrent dans la maison des vidames de Chartres. Cette filiation véritable de la seconde maison de Pouzauges a été établie par Besly, dans son travail sur les vicomtes de Thouars, qui a été imprimé par le père Anselme, et elle est corroborée par les chartes de la précieuse collection de dom Fonteneau.

F. J'arrive à la maison du Puy-du-Fou, et là j'ai à m'étendre, car on lui a fait, dans la seconde chronique de Saint-Maixent, une généalogie complète, et pour cause.

Comme on le voit, on attribue à Renaud (1) du Puy-du-Fou une haute

F. MAISON DU PUY-DU-FOU.

F. I. RENAUD Ier, *second fils de Guillaume Ier, surnommé Taillefer, seigneur de Pouzauges, et de Mathilde de Mortagne, aurait eu en partage la dot de sa mère, consistant dans la terre du Puy-du-Fou, située sur la limite du fief de Mortagne, et s'étendant d'un côté jusqu'à la Sèvre-Nantaise, dans l'endroit où commencent les dépendances de St-Laurent, et des*

(1) La tradition a fait à M. Renaud du Puy-du-Fou, qui a vécu dans un temps bien postérieur, une triste célébrité. Il paraît qu'il a été, à une époque qu'on ne précisera pas ici, l'effroi de la contrée qu'il habitait. On lui impute les crimes les plus atroces et les plus multipliés.

autres côtés jusqu'à la borne des fiefs de Mauléon, de Château- mur et de Pouzauges, jusqu'à l'église de St-Paul, relevant du monastère de St-Maixent (1). Renaud Ier, du Puy-du-Fou, figure comme témoin dans la charte de fondation de l'église de St-Pierre de Mauléon; fait don à l'abbaye de St-Jouin-de-Marne de tout ce qu'il possédait dans cette localité, du consentement de sa femme et de ses enfants, et concède quelques domaines au monastère de St-Michel-en-l'Herm, pour le repos de l'âme de ses père et mère, et de ses beau-père et belle-mère. On le fait chambrier de Henri Ier, roi de France, auquel il n'aurait pas survécu.

Marié à Helvise, fille de Hu- gues Bardoul, seigneur de Puire, du château de Bellefont et de Nogent. Devenue veuve, elle épousa en secondes noces Valéran, chambrier de France.

Du mariage de Renaud Ier, seigneur du Puy-du-Fou, et d'Helvise, vinrent :

1. Hugues, qui suit ;

2. Guillaume, chambrier de France, qui, en suivant l'exemple de Hugues, son frère aîné, donna ce qu'il possédait à St-Lucien au monastère de St-Jean-d'An- gely, et dont la postérité revien- dra posséder la terre du Puy- du-Fou. Marié à Adelle, fille du vicomte de Beaumont, il en eut Hugues IIe du Puy-du- Fou.

F. II. Hugues Ier, fils aîné de Renaud Ier et d'Helvise, hérita

(1) La terre du Puy-du-Fou a été l'une des plus considérables du Poitou, non à cause de ses droits féodaux, mais à rai- son de son étendue territoriale. Les habi- tants du bocage vendéen disent qu'elle était composée autrefois de quatre-vingt- dix-neuf métairies ou fermes, et c'était le nec plus ultra, car on suppose, dans le pays, que le roi pouvait s'emparer des métairies qui dépassaient ce nombre.

position sociale. On dit qu'il fut chambrier d'Henri Ier, roi de France, et qu'il ne lui survécut pas. Mais où a-t-on trouvé qu'à cette époque la charge si importante de chambrier ou de grand chambellan de France, dans le vocabulaire des temps plus modernes, ait été occupée par un obscur seigneur du bas Poitou? On n'en trouve d'indice nulle part, ex- cepté dans cette chronique, et on sent bien que son auteur ne doit pas être cru sur parole.

On donne pour femme à ce der- nier seigneur du Puy-du-Fou, Hé- loïse, fille de Hugues Bardoul, sei- gneur du Puire, du château de Bellefond et de Nogent. Ce seigneur est inconnu, ainsi que Valéran, chambrier de France, que la chro- nique fait épouser en secondes noces à la veuve de Renaud de Pouzauges.

Hugues V du Puy-du-Fou eut pour femme, à ce qu'on prétend, Pétro- nille, fille de Geoffroy Taillefer, comte d'Angoulême, et de Pétronille d'Archiac ; mais ce mariage, tout- à-fait invraisemblable, comme plu- sieurs autres qu'indique l'anonyme, n'est prouvé par rien.

Sebran et Thibault Chabot sont des personnages réels, et on en ren- contre peu dans cette chronique ; mais Sebran Chabot, au lieu de se marier à Adelie du Puy-du-Fou, épousa Agnès de Rocheservière.

Il faut se reporter à ce que je dirai sur le testament supposé de Guil- laume X, relativement à Geoffroy V du Puy-du-Fou. Quant à son mariage prétendu avec Mahaud, fille d'un Hugues de Lusignan, sans autre dé- signation, comme tous les seigneurs de cette terre portaient le même prénom, il est difficile de vérifier le fait. Toujours est-il que le mariage prétendu d'une Berthe du Puy-du- Fou, l'héritière de la branche aînée de cette maison, et pourtant réduite aux biens maternels, avec un comte de Vendôme, est invraisemblable ; d'ailleurs cette alliance n'est établie sur rien.

de la terre du Puy-du-Fou, simple châtellenie qui relevait de Robert de Mortagne, son cousin. Hugues fit quelques dons à St-Jean-d'Angély, de concert avec sa femme et son fils.

Marié à Pétronille, fille de Geoffroy-Taillefer, comte d'Angoulême, et de Pétronille d'Archiac, dont:

*　1. Geoffroy, qui suit.*

*　2. Alix ou Alipse, mariée à Ebles II, seigneur de Mauléon.*

*　3. Adélie, femme de Sebran-Chabot, seigneur de Vouvant; ils firent conjointement quelques dons à l'abbaye de l'Absie, et eurent pour fils Thibault Chabot qui confirma les dispositions faites par sa mère.*

F. III. GEOFFROY Ier, seigneur du Puy-du-Fou, fils et successeur de Hugues V et de Pétronille d'Angoulême, figure comme témoin du testament prétendu de Guillaume X, dernier duc d'Aquitaine, comte de Poitou.

Marié à Mahaud, fille de Hugues de Lusignan, dont:

Berthe, mariée à Jean, fils aîné de Geoffroy, surnommé Grise-Gonelle, comte de Vendôme, et de Mahaud de Châteaudun, à qui elle porta en dot tout ce qui lui appartenait du chef de sa famille. La seigneurie du Puy-du-Fou passa, comme fief paternel, à Hugues II du Puy-du-Fou, son oncle à la mode de Bretagne.

F. IV. HUGUES II du Puy-du-Fou, second fils de Renaud Ier, seigneur du Puy-du-Fou et d'Helvise, chambrier du roi Louis VI, fit don au monastère de Mauléon, du consentement de sa femme, de deux villages qu'il possédait dans le fief de ce nom, et permit aux religieux de cet établissement de posséder, en toute propriété et franc de toute

Les archives du monastère de Mauléon, aujourd'hui Châtillon-sur-Sèvre, ont été compulsées avec soin par dom Fonteneau, qui en a extrait tout ce qu'il y avait d'important, et on n'y trouve point la mention des actes qui établiraient l'existence de Hugues II du Puy-du-Fou de la seconde chronique de St-Maixent.

Je reproduis, relativement à ce mariage prétendu, mes remarques consignées sur les autres alliances de cette espèce.

Si un évêque de Poitiers du nom de Guillaume est sorti de la maison du Puy-du-Fou, ce ne pourrait être que Guillaume Ier, surnommé Gislebert, qui arriva à l'épiscopat en 1117 et mourut en 1123. Ce fut un des bienfaiteurs du monastère de Saint-Maixent, et surtout de l'abbaye de Fontevrault où il fut inhumé. Mais rien ne prouve sa sortie de la maison du Puy-du-Fou, et son surnom de Gislebert dépose même du contraire. De plus, dans le *Grand Gauthier*, registre original de l'évêché de Poitiers, on a écrit en marge du prénom de ce prélat: *de Ragioles*, et cette annotation, quoique moderne, a une certaine portée.

Quant au prétendu mariage d'Amite-Mahaud, dite Agnès, avec un vicomte de Thouars, je renvoie à ce que j'en ai dit sur la série des vicomtes de Thouars; et sur celui d'Alipse avec un Maingot, il faut se reporter à l'*Histoire de la maison de Surgères*, qui, elle aussi, mérite d'être critiquée, parce qu'elle fait sortir les de Granges de la maison de Maingot de Surgères, à l'aide d'une fausse charte que je signalerai plus tard.

Hugues III est indiqué, comme ayant été sénéchal de Poitou, nommé par Aliénor, à la mort de Richard Cœur-de-Lion, et continué par Philippe-Auguste; mais c'est encore un fait faux. Pour s'en convaincre, il ne faut que lire la liste des sénéchaux du Poitou, exactement dressée par M. Filleau, et insérée dans les *Mé-*

redevance, ce qu'ils pourraient acquérir, par donation ou autrement, dans la seigneurie du Puy-du-Fou. Cette concession fut faite en présence de Hugues de Craon, son beau-frère, d'Ebles II de Mauléon, de Guillaume II de Pouzauges, de Renaud de Vihiers, de Robert de Chemillé, et de Jean de la Haie, sous le règne de Louis VI, roi de France.

Marié à Théophanie de Craon, dite de Bourgogne, fille de Maurice, seigneur de Craon en Anjou, et de Théophanie dite l'Anguille, dont :

1. *Hugues III*, qui suit.

2. *Renaud.*

3. *Guillaume*, évêque de Poitiers.

4. *Amite - Mahaud*, dite Agnès, femme d'Aimery Ier, vicomte de Thouars.

5. *Alipse*, mariée à Guillaume de Surgères, fille de Hugues Maingot et de Péronelle.

§ F. IV bis. HUGUES III (*Hugues II* comme seigneur du Puy-du-Fou), fils aîné de Hugues II du Puy-du-Fou, chambrier de France, et de Théophanie, devint seigneur du Puy-du-Fou par le décès de Geoffroy Ier, son cousin germain. Après la mort de Richard-*mœ*-Lion, roi d'Angleterre, Aliénor d'Aquitaine, sa mère, nomma Hugues du Puy-du-Fou sénéchal de Poitou ; et Philippe-Auguste, s'étant emparé de cette province, par suite de la félonie de Jean-sans-Terre, le confirma dans cette fonction. De concert avec son épouse, il donna à l'abbaye de Saint-Maixent deux cents livres à prendre sur ses terres situées à l'Hermenault.

Marié à Valence de Lusignan, fille de Geoffroy de Lusignan, à qui la reine Aliénor donna en dot mille livres en terre, situées à l'Hermenault.

moires de la Société académique de Poitiers.

Rien n'établit qu'un Renaud du Puy-du-Fou ait été sénéchal d'Auvergne. Pour son mariage avec la fille d'un vicomte de Thouars, il faut se reporter à ce que j'ai dit sur la généalogie de ces vicomtes, et l'indication de cette alliance ne se trouve dans aucun document sérieux.

On ne trouve point, non plus, un sénéchal d'Albigeois du nom du Puy-du-Fou, ce qui prouve que Geoffroy II n'a jamais été élevé à cette dignité. Dans les titres relatifs aux villes de Poitiers et de la Rochelle, aucune indication, non plus, de tous les faits qu'on adapte à ce personnage ; son mariage dans la maison de Thouars ne repose aussi sur rien que sur le témoignage d'un moine anonyme. Or, on est en position à présent, et par suite de ce travail, de l'apprécier à sa juste valeur.

On ne trouve rien, dans les chartes relatives au Poitou, de relatif à une redevance comme celle qu'on prétend qu'un comte de cette province concéda à Aimery du Puy-du-Fou, redevance qui aurait été très-considérable, à raison de la valeur de l'argent à cette époque. Il y a plus, c'est qu'on ne rencontre point de pareilles stipulations dans la contrée, même pour des rentes minimes, en faveur d'aucun autre seigneur. Il ne paraît pas, en effet, que les comtes de Poitou, ducs d'Aquitaine, aient grevé la masse de leurs revenus en établissant une sorte de dette publique, invention financière bien postérieure à ces temps éloignés. Quand le souverain voulait, à cette époque, gratifier un vassal, il avait toujours des terres, des serfs, des sommes de deniers et autres valeurs à sa disposition.

On remarquera qu'il existe, de la part du moine de St-Maixent, beaucoup plus de détails sur la maison du Puy-du-Fou que sur les autres maisons du bas Poitou, et plus tard on verra pourquoi on s'est ainsi étendu.

PRÉTENDUES BRANCHES, ETC.	DÉMONSTRATION.

*Hugues III et Valence furent en-
terrés dans le couvent des jacobins de Poitiers. De leur mariage
il vint :*

    1. *Geoffroy II, qui suit.*

    2. *Renaud , qu'Alphonse,
comte de Poitou et de Toulouse,
frère de saint Louis, nomma sénéchal d'Auvergne. Marié à Adélie, fille de Savary, vicomte de
Thouars, il eut deux enfants :*

    1. *Renaud ;*

    2. *Et Jean.*

    F. V. *GEOFFROY II, fils aîné de
Hugues III et de Valence de Lusignan, devint, après la mort
de son père, seigneur du Puy-
du-Fou. A raison de l'attachement que ses parents portaient,
de leur vivant, aux jacobins de
Poitiers, Geoffroy II, de concert
avec sa femme et Guy, vicomte
de Thouars, son beau-père, fit
divers dons à cet établissement
religieux, et lui concéda notamment une église à la Rochelle. Il
fut nommé sénéchal d'Albigeois
par Alphonse, comte de Poitou
et de Toulouse, et il en exerça
les fonctions jusqu'à la seconde
croisade de Louis IX à laquelle
il prit part, et suivit ce monarque
à la tête de cinquante lances.
Saint Louis étant mort à Tunis,
Geoffroy du Puy-du-Fou, déjà
vieux, revint en France sain
et sauf, il mourut à la Rochelle,
et fut enterré aux jacobins de
cette ville, ainsi que sa femme.*

    *Marié à Agnès , fille d'Ai-
mery 1er, vicomte de Thouars,
et d'Agnès de Laval, dont :*

    Aimery, qui suit.

    F. VI. *AIMERY , seigneur du
Puy-du-Fou, à qui le comte de
Poitiers concéda et donna à lui et
à ses successeurs mille livres de
rente, assises sur les terres de
son comté.*

    *Marié à Emmette , fille de
Gui, seigneur de Laval, et de
Philippe de Vitré; tous les deux
étant décédés, Gui de Laval,*

    Au surplus, il faut le dire, dans la
généalogie imprimée de la maison du
Puy-du-Fou, et dans celle qui a été
insérée dans les *Affiches du Poitou*,
on ne remonte pas jusqu'à la maison
de Thouars pour l'origine , et il
existe des différences très-grandes,
surtout pour les alliances.

| PRÉTENDUES BRANCHES, ETC. | DÉMONSTRATION. |

son frère, lui assigna trois cents livres de rente sur ses domaines.

La fausse chronique finit ici.

G. MAISON DE LA FLOCELLIÈRE.

G. I. RENAUD, *fils de Trulle, second seigneur de Pouzauges, et de Mahaud d'Aunay, fut le premier seigneur de la Flocellière. Il souscrivit la donation faite par son père et par sa mère au monastère de Montierneuf, de tout ce qu'ils possédaient à Bouillé-Loretz. On le voit au nombre de ceux qui ont souscrit le testament de Guillaume X, dernier duc d'Aquitaine, comte de Poitou.*

Le moine anonyme de Saint-Maixent, pour établir la descendance des seigneurs de la Flocellière, de la maison vicomtale de Thouars, se borne à parler de Renaud, fils de Trulle.

G. Le moine de St-Maixent voulait sans doute, par cette indication unique, donner à entendre que la maison de la Flocellière descendait des vicomtes de Thouars; mais là encore est une erreur. La première maison de la Flocellière, éteinte du reste depuis longtemps, remontait à David de la Flocellière, qui donna à l'abbaye de la Trinité de Mauléon, par une charte datée du 24 octobre 1090, l'église de Notre-Dame de la Flocellière et divers héritages, pour lui, pour ses frères et pour Geoffroy son fils. Cette concession fut suivie d'autres dons faits par quarante vassaux de la seigneurie de la Flocellière, et ce titre est dans les manuscrits de dom Fonteneau. Au surplus, ce savant bénédictin fait observer que la date de la charte peut paraître douteuse, à raison du défaut de ponctuation. Il ne regarde point non plus ce titre comme un original, mais bien comme une simple copie, à la suite de laquelle on a transcrit des donations postérieures, fait que dénote même la matérialité du titre, auquel on a ajouté après coup, et d'une manière peu adroite, une bande de parchemin. Du reste, la date donnée par le *Gallia Christiana* ne saurait cadrer avec les mots *luna vigesima quarta*, le vingt-quatrième jour de la lune, indication qui dénote le ix des calendes de novembre ou le 24 octobre, suivant notre manière actuelle de compter.

H. MAISON DE TIFFAUGES.

H. I. AIMERY, *second fils d'Eudes, 5e vicomte de Thouars, et d'Alix d'Angoulême, eut en partage la seigneurie de Tiffauges. A sa mort, son frère Renaud le remplaça dans la possession de cette terre.*

H. II. RENAUD Ier, *3e fils d'Eudes, 5e vicomte de Thouars, devint seigneur de Tiffauges à la mort de son frère Aimery. Il*

H. Il a existé des seigneurs de Tiffauges qui étaient effectivement de la maison des vicomtes de Thouars; mais il paraît que pour cette famille, comme pour les autres, le religieux fabricateur de fausses généalogies a voulu encore substituer l'erreur à la vérité. Où il n'y avait rien à dire, il a dit beaucoup; où il y avait beaucoup à dire, il a dit fort peu. Ce chroniqueur se contente de citer Aimery, second fils d'Eudes, cin-

réunit cette seigneurie à la vicomté de Thouars qu'il occupa plus tard.

H. III. RENAULT II, *seigneur de Tiffauges, deuxième fils de Savary, premier vicomte de Thouars, et d'Agnès, fille du chambrier Évrard.*

On ne dit point s'il fut ou non marié, et s'il eut ou non des enfants.

J. MAISON D'APREMONT.

J. I. GUILLAUME, *fils de Guillaume, sixième vicomte de Thouars, et de Mathilde, fut d'abord apportionné de la seigneurie d'Apremont, puis d'Herbauges, et devint ensuite le neuvième vicomte de Thouars.*

quième vicomte de Thouars à son compte, et d'Alix d'Angoulême, qui aurait eu pour partage la seigneurie de Tiffauges. Arrivant plus tard à la haute position de vicomte de Thouars, il aurait été remplacé, comme seigneur de Tiffauges, par son frère Renaud, qui devint aussi vicomte de Thouars, à son tour. Je me suis expliqué, relativement à ces deux personnages, sur la série supposée des vicomtes de Thouars.

Quant au troisième seigneur de Tiffauges supposé, la chronique ne dit pas s'il eut une descendance.

Je citerai ici deux véritables seigneurs de Tiffauges, l'un pour le XIe et l'autre pour le XIIe siècle, d'après les chartes originales du recueil de dom Fonteneau. D'abord je trouve Geoffroy, frère d'Arbert, qui devint plus tard vicomte de Thouars. Il confirma en 1099, de concert avec le vicomte Arbert, les dons faits par leur père commun au monastère de Saint-Florent de Saumur. Lors de la charte de subvention de 1099 pour Saint-Jean-l'Évangéliste de la Chaise-le-Vicomte, il souscrivit à une redevance annuelle de dix sous. Par une charte sans date, et que dom Fonteneau place sous l'an 1167, Arbert de Tiffauges fit remise à Thomas, abbé de la Grenetière, et à ses religieux, des dix sous de rente dont cet établissement ecclésiastique était tenu envers lui, *pour des possessions situées dans son fief.*

J. Le seigneur d'Apremont indiqué par le moine de Saint-Maixent est aussi un personnage supposé.

Pour achever cette portion de mon travail, je vais faire connaître les véritables seigneurs d'Apremont, d'après les chartes de la bibliothèque de Poitiers. En 1088, Raoul d'Apremont souscrivit, comme témoin, le titre de donation et de concession à l'abbaye de Saint-Florent de Saumur de l'église de Saint-Jean de la Chaise-le-Vicomte, consenti par Aimery, vicomte de Thouars, et il assista à la confirmation de ce don,

faite un jeudi 18 des calendes de février 1092. A la réunion opérée par
le vicomte de Thouars, pour faire
contribuer ses vassaux à la dotation
de l'église en question, Barbotin
d'Apremont souscrit pour dix sous
de redevance annuelle. Pierre d'A-
premont, seigneur des Essarts, de
concert avec Guillaume d'Apremont
son frère, concède en 1196, à Jean,
abbé de la Grenetière, et à ses religieux, divers héritages, droits, cou-
tumes et franchises, dans leurs fiefs
et arrière-fiefs. Pierre d'Apremont
déclare, dans la même charte, vouloir être inhumé dans le monastère
gratifié, s'il meurt dans le pays; et
Jean et ses moines s'obligent, de
leur côté, à célébrer chaque année
l'anniversaire de cette fondation.

QUATRIÈME PARTIE.

XLV. J'ai déjà dit que je tenais pour faux et supposé le
testament de Guillaume X, duc d'Aquitaine et comte de Poitou. Je ne ferai, du reste, qu'adopter en cette partie l'opinion
de Besly qui dit : « Or, le duc voulut faire un voyage en
Compostelle ;... avant de partir, comme s'il eust deviné en
mauvaise part de sa santé et de sa vie, disposa de ses affaires
et de sa dernière volonté par un testament qui se trouve à
Montierneuf de Poitiers : car celui qui est inséré ès mémoires de
la Haie, lieutenant de Poictou, lequel est faux et controuvé, comme
le reste du livre auquel il est incorporé. »

XLVI. Je le dirai franchement, ce qui m'étonne au dernier point, est de voir les savants religieux éditeurs du Recueil
des historiens de France copier cette pièce apocryphe (1) et
en soutenir la véracité, en attaquant le jugement qu'en a
porté l'érudit auteur de l'Histoire des Comtes de Poitou. Rap-
pelons en bref l'espèce de plaidoyer des bénédictins, en faveur
du prétendu testament du père de la reine Aliénor.

On fait d'abord remarquer que cette pièce a été imprimée
pour la première fois, dans les Mémoires sur la Gaule Aquitanique, attribués à la Haie, et que le cardinal Baronius l'a
transcrite dans ses annales. « Ce testament, par lequel Guillaume, ajoute-t-on, donne à Éléonore, sa fille aînée, le duché

(1) T. XII.

d'Aquitaine, et à sa fille Péronelle, la cadette, ses terres et châteaux de la Bourgogne, est taxé de faux par Besly ; mais la preuve qu'il en donne est singulière : c'est que le vrai texte existe au monastère de Montierneuf. Cependant, ni lui ni aucun autre ne déclare l'avoir vu. L'historien des comtes de Poitou ne l'a pas même cherché. C'est un trait étonnant de la part d'un écrivain si soigneux de recueillir les monuments de l'histoire, qui prouve que l'assertion de cet érudit est tout-à-fait frivole. Tenons pour certain, en concluent les successeurs de dom Bouquet, qu'il n'y a jamais eu d'autre testament, sous le nom du duc Guillaume X, que celui qui est entre les mains du public.

« Mais de ce qu'il est unique, disent-ils après, il ne s'ensuit pas qu'il soit véritable. Il faut donc examiner la pièce elle-même.

» On peut douter que Guillaume ait fait son testament par écrit. Nul contemporain n'en parle ; Suger aurait dû être instruit de cette particularité, et il se borne à dire que ce prince, avant de se mettre en route pour St-Jacques de Compostelle, et même dans sa route et sur le point de mourir, ordonna que sa fille Aliénor serait donnée en mariage à Louis le Jeune, et hériterait seule de son duché. Or, son intention de tester résulterait de cela et permettrait de croire qu'il avait précédemment fait un testament dans ce sens. »

A l'argument tiré, contre l'acte, de ce que la fille aînée du duc Guillaume X est appelée *Eleonora* au lieu d'*Alienordis*, on répond que les noms propres ne s'écrivaient pas alors d'une manière uniforme.

Relativement au don fait par Guillaume, à sa seconde fille, de terres en Bourgogne, en reconnaissant que rien ne constate que les ducs d'Aquitaine aient possédé quelque chose dans cette province, on s'arrête d'abord à ce point que ces terres auraient pu arriver au dernier des Guillaume, comme descendant du comte Gérard, et les bénédictins prétendent qu'il s'agit ici de Gérard de Roussillon. « Peut-être, disent-ils, un des aïeux du père d'Aliénor aura-t-il épousé une descendante du comte Gérard. Rien ne constate ce fait, mais la chose est possible, » disent les érudits bénédictins.

D'après la seconde chronique de Saint-Maixent elle-même, un des témoins du testament de Guillaume X aurait vécu à une époque de beaucoup postérieure à cette date. Il s'agit ici d'un membre de la maison du Puy-du-Fou, d'un chambrier de France, et il n'aurait exercé sa charge que sous le roi Philippe Ier. Mais le copiste se serait trompé, il aurait mis le nom de l'un pour celui de l'autre.

Enfin les bénédictins concluent ainsi , pour assurer à Guillaume X le testament qui lui est attribué : « Le crime de faussaire n'étant pas de ceux auxquels on se livre sans un motif puissant, nous demandons par quelle vue d'intérêt aurait-on pu se déterminer à fabriquer l'acte dont il s'agit ? La succession de Guillaume n'ayant jamais occasionné de dispute, jamais on n'a eu besoin de recourir à un faussaire pour lui supposer un testament. Resterait à dire que cette pièce aurait été fabriquée de gaîté de cœur et par manière d'amusement, ce qu'on ne persuadera jamais à aucun homme sensé. »

XLVII. Il est facile de répondre à tous ces moyens employés pour établir la sincérité d'une pièce évidemment fabriquée et fausse. Tout d'abord, je dirai qu'il ne s'agit que d'examiner sa rédaction et les expressions qu'elle contient, pour voir qu'elle n'est pas de l'époque, et qu'il ne faut que la chercher dans le premier ouvrage où elle a été publiée, dans les prétendus mémoires de la Haye, dans ce tissu de fables, au milieu de chartes toutes fausses , et même grossièrement et mal fabriquées, pour se convaincre que ce testament est supposé, comme les pièces qui le précèdent et qui le suivent. C'est du moins le sentiment que j'éprouve lorsque j'ouvre le livre. Examinons donc attentivement et par lui-même ce document, et convenons, avant tout , parce qu'il faut mettre de la bonne foi dans les recherches historiques, que l'un des motifs donnés, par Besly , à l'appui de son opinion, est vraiment fort extraordinaire. Il dit en effet que ce testament est faux, parce que le véritable existe à Montierneuf , et il convient n'avoir pas vu ce même testament, et il ne fait pas connaître son contenu. Mais , ajoutent les continuateurs de dom Bouquet, que l'acte de dernière volonté du duc Guillaume soit prouvé n'avoir pas existé là, ce n'est pas une raison pour que celui qui est imprimé soit véritable, et je suis de leur avis en ce point. Or eux-mêmes, pour prouver sa sincérité , donnent , à leur tour, des arguments bien faibles : *il est possible* que Guillaume X soit descendu, par les femmes, de Gérard de Roussillon ; *il est possible* que, par là, il ait eu des biens en Bourgogne. De tels raisonnements ne prouvent rien , car il y a loin d'une possibilité à une réalité. De ce que Suger dit que le père d'Aliénor avait, avant de partir pour son pèlerinage, pendant son voyage et au moment de mourir , manifesté l'intention de donner son duché à sa fille aînée, on conclut aussi qu'il y a eu effectivement un testament écrit dans ce sens. Alors ce prince se serait référé à ses dispositions écrites , dont l'abbé de Saint-Denis n'aurait pas manqué de parler. L'objection tirée de la manière dont on a écrit en latin le nom d'Aliénor a plus de portée. On peut encore la fortifier par la manière dont est tracé le nom de cette princesse, sur une pièce de monnaie de l'époque. Relativement à la substitution à opérer d'un prénom à un autre, pour ce qui concerne un membre de la famille du Puy-du-Fou, en faisant passer la faute pour une erreur de copiste, on n'a pas songé que l'anonyme de St-Maixent n'aurait pas, dans mon système, fabriqué cette pièce, puisqu'elle avait été déjà consignée et imprimée dans les mémoires attribués à la Haye, et qu'il se serait seulement contenté d'ajouter des témoins, et en bon nombre, à ceux indiqués par le premier faussaire. Or il trouvait le chambrier Guillaume déjà mentionné, et il n'a rien changé à l'énonciation, sans s'apercevoir de l'anachronisme qui résultait de cette pièce et de son texte. Là perce la fraude, et ce sont des contradictions dans lesquelles les faussaires tombent presque toujours, qui les font reconnaître dans les procès criminels. On doit les signaler aussi, et par la même raison, dans les discussions historiques.

Quant à l'absence de motifs pour supposer un faux testament au dernier des comtes de Poitou, ducs d'Aquitaine, je commencerai par le dernier des deux arguments. Je l'admettrai, en convenant qu'il est difficile de penser que de gaîté de cœur on se porte ainsi à fausser l'histoire. Mais quand on a dit qu'il n'y avait pas d'intérêt à commettre le faux prétendu, je distinguerai et je dirai que sans doute les dispositions faites par Guillaume X, pour assurer l'Aquitaine à Aliénor, n'ont pas donné lieu à des difficultés réelles (1). Mais n'a-t-on pas eu intérêt de fabriquer un faux testament au dernier des comtes de Poitou ducs d'Aquitaine, pour y faire figurer des témoins et donner ainsi à croire à une très-ancienne origine de certaines maisons ? C'est là qu'est la question, et la poser ainsi c'est la résoudre affirmativement. L'intérêt pour commettre le faux existait donc.

Que l'intérêt pour commettre le faux soit évident, cela ne prouverait point encore, et en fait, l'existence du faux. Jusqu'ici je ne peux le faire résulter, pour le testament prétendu de Guillaume X, que de l'aspect général de la pièce, de sa publication dans des mémoires controuvés et au milieu de fausses chartes, du défaut de preuves de l'existence de biens appartenant à Guillaume X dans la Bourgogne, et enfin de la présence à cet acte d'un témoin, *chambrier de France*, qui aurait

(1) Encore y eut-il quelques résistances, quand Aliénor et Louis le Jeune, son époux, vinrent pour prendre possession des principales places du pays. Aucun auteur moderne n'a mentionné cet état de choses qui est passé inaperçu, et, plus tard, je me réserve d'en tirer des conséquences.

vécu à une tout autre époque. Ce sont là les arguments déjà présentés pour établir le faux.

Mais j'ai d'autres motifs à faire valoir, et j'espère parvenir à une démonstration complète de ma proposition.

D'abord, n'est-il pas extraordinaire de voir les témoins de ce prétendu testament passé à Poitiers, pris tous, sauf deux, dans le bas Poitou ? Ce sont le vicomte de Thouars, les seigneurs de Mauléon, de Talmont, du Puy-du-Fou, de Pouzauges, de Mortagne, de la Flocellière et des Herbiers.

De compte fait et en mettant de côté le vicomte de Thouars, voilà sept terres à quelques lieues les unes des autres, dont les seigneurs, d'un rang assez secondaire, assistent aux dispositions faites par le souverain de la France du midi, pour assurer ses états à sa fille aînée. Où étaient donc les grands vassaux des autres cantons de l'Aquitaine, ces feudataires des belles et vastes contrées de la Loire aux Pyrénées, de la mer aux montagnes des Cévennes ? Aucun d'eux ne paraît, sauf le vicomte de Thouars, sauf le comte d'Auvergne, sauf un autre comte, sans territoire indiqué. Il y a grande invraisemblance à ce que les choses se soient passées ainsi. Il y a grande vraisemblance, au contraire, que cet acte a été fabriqué dans l'intérêt des familles voisines ou parentes, et alors obscures, dont on faisait figurer ainsi les ancêtres vrais ou imaginaires à la cour ducale de Poitiers, dans une occasion si solennelle.

Partant de là, j'arriverai à cette proposition que, pour que le testament attribué à Guillaume X puisse être reconnu pour vrai, il faut tenir pour certain que tous les individus qui y ont figuré ont bien existé à l'époque donnée et avec les qualités qui leur sont attribuées. Or, qu'on se reporte à ce que j'ai dit sur les maisons du Puy-du-Fou et de Pouzauges particulièrement, et on se demandera ensuite si les seigneurs de ce nom qu'on fait assister à la dictée des dernières volontés du père d'Aliénor sont bien des êtres réels et existant en 1137. La négative ne souffrira guère de difficulté.

Si ce sont des êtres imaginaires que les prétendus témoins au testament en question, si quelques-uns d'eux au moins le sont, ce testament est évidemment supposé, comme les êtres qu'on y fait paraître.

Rendu à ce point de ma discussion, je me reporte de nouveau au *chambrier de France*, qui n'aurait pas vécu au moment des dernières volontés de Guillaume X. Mais serait-ce une simple faute de copiste, la substitution d'un prénom à un autre prénom, comme le prétendent les savants éditeurs du *Recueil des historiens de France?* Je ferai remarquer qu'avec un tel système il est toujours aisé de se tirer d'affaire. Du reste, en tenant même que c'est en effet une simple faute de copiste, quoiqu'aucun indice ne vienne à l'appui de cette allégation, j'ai encore un argument concluant, et du même genre, pour établir la fraude.

En effet, dans la pièce arguée de faux, qu'on me passe cette expression du vocabulaire du palais, je trouve au nombre des témoins Renaud, vicomte de Thouars. Or, c'était Aimery IV qui était alors vicomte régnant de Thouars. De plus, il n'y avait pas, à l'époque donnée, en 1137, de frère du vicomte ou vicomte à simple titre, pour cette localité, portant le nom de Renaud. Donc le testament prétendu est une pièce fausse. Ce n'est pas tout.

XLVIII. Une autre preuve de la supposition de la seconde chronique de St-Maixent, commune au testament supposé de Guillaume X, résulte des mots latins dont on s'est servi pour indiquer des noms de lieux et de famille. Ces mots ne sont point ceux qui étaient en usage à l'époque pour ces dénominations, et l'on sait que cette vérification est le plus sûr moyen de reconnaître les pièces fabriquées postérieurement aux fausses dates qu'on leur assigne. Ainsi on lit, dans la chronique, *Theobaldus de Bresturio,* pour indiquer Thibault de Beaumont, seigneur de Bressuire. Or, ce nom ne s'est jamais écrit ainsi. Dans la charte de dotation de l'église de Saint-Jean-l'Evangéliste de la Chaise-le-Vicomte, le seigneur de Bressuire est appelé *Johannes de Bercorio.* Plus tard, *Bercorium* ou même *Berzorium* désignait Bressuire; mais jamais, on le répète, un seigneur de Bressuire n'est indiqué avec l'expression employée par le moine de Saint-Maixent. Le seigneur de Pouzauges est nommé, dans la chronique du religieux anonyme et dans le prétendu testament de Guillaume X, en joignant à son prénom cette locution *de Podio Augusti.* Là encore la faute est plus lourde, et ce mot ne se trouve nulle part ailleurs, pour désigner un seigneur de Pouzauges. Dans la charte de dotation de l'église de Saint-Jean-l'Evangéliste dont je viens de parler, c'est *Mauricius de Pozalgiis* qui paraît, et le nom de Pouzauges est toujours écrit à peu près de la même manière, sauf quelques légères variantes; mais jamais Pouzauges ne se trouve désigné sous le nom de Puy-d'Auguste, et cette formation de mot n'a aucune analogie avec les expressions usitées dans les chartes pour cette localité.

Je pourrais m'étendre beaucoup sur ce point et énumérer une quantité de noms de lieux mal écrits en latin dans le *Fragmentum chronicorum,* ce qui est une preuve évidente de supposition. Mais je veux réduire un travail déjà bien étendu , sans même donner en note d'autres mots défigurés. J'ai déjà tant prouvé, que je crois pouvoir m'arrêter.

XLIX. On le voit, il est difficile de rencontrer des documents prétendus historiques où la vérité soit plus mise de côté que dans la seconde chronique de Saint-Maixent , où les preuves de supposition après coup soient plus nombreuses et plus évidentes que dans le testament supposé du père de la reine Aliénor. On peut même dire que, sur ces points, il n'y a rien à désirer du tout. Mais si à présent on se demande , comme l'ont fait les bénédictins, dans quel but on a ainsi essayé d'en imposer à la postérité, je répondrai, et je l'ai fait pressentir déjà, que c'était pour créer des aïeux à des familles. Alors l'ancienneté et l'illustration des races conduisaient ceux qui en étaient issus aux honneurs et à la fortune. On était sous le règne de l'aristocratie de la naissance, comme on est à présent sous le règne de l'aristocratie de l'argent et du talent. A cette époque, on mettait tout en œuvre pour se faire venir de bien loin, pour reporter dans les siècles passés l'origine de sa maison, afin de l'entourer de toute l'illustration vraie ou fausse dont on pouvait s'emparer. Qu'on consulte les généalogies des anciennes maisons, on trouvera dans presque toutes une sorte de mythologie, ou, si l'on veut, une partie fabuleuse qui précède la partie historique et vraie. Or, la famille du Puy-du-Fou , par exemple, qui a gagné ses éperons dans les guerres d'Italie où elle parvint à acquérir un duché, aura suivi ces traditions, en voulant, comme tant d'autres, se créer des aïeux grands personnages et hommes de cour dès le XIIe siècle et même auparavant ; elle aura voulu rattacher son existence à celle des anciens souverains du Poitou.

L. En voici un commencement de preuve. On trouve à la suite de l'*Histoire des comtes de Poitou*, par Besly, l'extrait d'une lettre par lui écrite à M. du Puy-du-Fou, le 25 juillet 1632, sur le mot de *Podium fagi*. Là, l'érudit avocat du roi de Fontenay-le-Comte parle d'une généalogie de cette maison qu'il avait trouvée à Paris et qu'il fit voir au père de celui à qui il écrivait , et de trois extraits du cartulaire de l'abbaye des Fontenelles qu'il envoya au même individu. Besly les indique. J'en citerai deux ici, l'un de 1251 et l'autre de 1258, faisant mention de *Reginaldus de Podio fagi* , qualifié *dominus de Montebaal*, parce qu'il avait épousé Eustache de Montbail, dame de cette seigneurie, après qu'elle fut devenue veuve d'un seigneur de la Viaudière, *Gaufredi de la Viauderia* , *militis*. C'est un peu postérieur à l'époque qui m'occupe; mais, quoiqu'il y soit question des armoiries de la maison de Thouars et de celles de la maison du Puy-du-Fou, on n'y dit point que la dernière descendait de la première. Néanmoins on fait bien pressentir dans ce morceau que la maison du Puy-du-Fou avait sa *fable*, et voulait se reporter bien avant pour son ancienneté.

LI. Je veux arriver à prouver que c'est bien la maison du Puy-du-Fou qui a fait fabriquer la seconde chronique de St-Maixent, dans laquelle se trouve le testament prétendu de Guillaume X. D'abord, j'ai établi qu'elle avait été faite dans l'intérêt de cette maison et des familles du bas Poitou qui lui étaient alliées. Or, c'est cette maison du Puy-du-Fou qui en distribua des copies aux différentes aut. es familles qui, comme elle, y puisaient une origine fabuleuse. Par exemple, une de ces copies fut trouvée, par dom Fonteneau, dans le trésor du château de l'Étenduère, près les Herbiers, appartenant à la famille des Herbiers de l'Étenduère, qui a grandement marqué dans la marine, et dont on fait figurer un des membres dans le faux testament du père d'Aliénor, Ce document avait été envoyé là, en 1673, par Gabriel du Puy-du-Fou, ainsi qu'on va le voir.

Il me semble bon de lire ici le préambule placé en tête de cette copie de la deuxième chronique de Saint-Maixent, parce qu'il est très-significatif.

Il est ainsi conçu : « Copie d'un fragment d'une chronique latine des ducs d'Aquitaine, comtes de Poitou, où l'on voit l'origine de la plupart de ces maisons venues de cadets des anciens vicomtes de Thouars, seigneurs de Thouars à viage et par retour (en leur temps), suivant l'ancienne coutume et loi de Poitou. Ces cadets ayant pris leurs noms de leurs seigneuries (celui de Thouars n'étant pas héréditaire dans leur famille), et les armoiries desdits vicomtes n'étant portées que par celui qui était investi de ladite vicomté, ces cadets en prirent d'autres, comme le seigneur de Pouzauges qui porta de gueules, au léopard d'or, à huit fleurs de lis aussi d'or, mis en orle. Le vicomte de Thouars portait d'or semé de fleurs de lis d'azur, au franc quartier de gueules.

» Ces seigneurs de Thouars et du bas Poitou, vicomtes du comté de Poitou, étaient issus d'un puîné des ducs d'Aquitaine, comtes de Poitou, au témoignage de toutes les histoires anciennes et modernes. Ce puîné fut le premier vicomte du comté de Poitou, et se nommait Arnoul, il y a 800 ans environ. »

On voit que c'est toujours le même système, l'existence d'un être idéal, de cet Arnoul, frère d'Eblés Manzer, d'où on fait sortir et les vicomtes de Thouars et les principales familles de la contrée.

Mais le *certifié véritable*, on peut employer cette expression, mis au bas de la copie envoyée au seigneur de l'Etenduère, a aussi son importance. Il faut le donner ici :

« Transcrit sur l'original en parchemin du temps de Gauthier de Bruges, évêque de Poitiers, lequel est ès mains de madame de Mirepoix, ma fille, et je promets à MM. des Herbiers de le leur communiquer. A Peschereul, province du Maine, 31 mai 1673. Signé *Gabriel du Puy-du-Fou*. »

Ainsi, on le voit, l'original de cette chronique était entre les mains du seigneur du Puy-du-Fou qui en distribuait des copies, afin de répandre la connaissance de ce document et de faire passer comme choses vraies les erreurs qu'il contient. Il en avait l'original le seigneur du Puy-du-Fou, et cela devait être, puisque c'était surtout dans son intérêt que cette fausse généalogie, formulée dans une chronique des comtes de Poitou, avait été faite. Il n'y a rien à ajouter après une semblable pièce.

Je me résume ; je crois avoir ainsi prouvé la fausseté de la deuxième chronique de Saint-Maixent, et avoir établi de plus que le moine qui l'a fabriquée a commis ce faux dans l'intérêt de la maison du Puy-du-Fou et des maisons qui lui étaient alliées et habitaient la même contrée (1).

LII. Je pourrais citer d'autres faux documents historiques qui se rapportent au Poitou, mais je me bornerai à ce qui concerne la maison de Sanzay. Au XVIᵉ siècle, elle eut la prétention, elle qui possédait naguère seulement la petite terre de

(1) Si la maison du Puy-du-Fou n'a pas eu l'ancienne et noble origine qu'elle a voulu s'attribuer, et si elle ne remonte qu'à Rainaud du Puy-du-Fou, vivant en 1251, qui épousa Eustache de Montbail (Besly, *Comt. de Poitou*, II, p. 195), elle s'est grandement illustrée plus tard, notamment sous Louis XII. Jean du Puy-du-Fou suivit en Italie Louis Iᵉʳ, roi de Sicile et duc d'Anjou, à qui il rendit de si grands services, que ce prince lui donna le duché de Dixmille, au royaume de Sicile, par lettres-patentes de 1381. François II du Puy-du-Fou, premier écuyer tranchant du roi, fut gouverneur de Nantes en 1544, fait chevalier de l'ordre la même année, et commanda le ban et arrière-ban d'une partie du bas Poitou et de la Bretagne. René Iᵉʳ du Puy-du-Fou servit sous François Iᵉʳ, Henri II et Charles IX, tant en Italie qu'en France, et eut le gouvernement de la Rochelle, le titre de marquis, le collier de l'ordre, et, en 1568, un brevet de maréchal de France pour le premier emploi qui viendrait à vaquer, mais il mourut la même année. Il y a une généalogie imprimée de cette maison, et Ronsard en a rédigé une autre qui se trouvait, en manuscrit, dans la bibliothèque de M. de Caumartin, évêque de Vannes.

Sanzay, près d'Argenton-Château, et celle de Saint-Marsault, sur les bords de la Sèvre-Nantaise (1), de se faire descendre de la maison des comtes de Poitou. Ce fut d'abord par un imprimé qu'on procéda, et les *Mémoires et Recherches de France et de la Gaule aquitanique* parurent sous le nom de Jean de la Haye, lieutenant général en la sénéchaussée de Poitou (2), qui était mort victime d'une ambition sans bornes. Pour faire croire que ce tissu de mensonges dont il est ici question était son ouvrage, on prétendit que le manuscrit avait été découvert par hasard, moyen employé bien des fois depuis pour donner le change relativement aux auteurs de publications qu'on voulait appuyer du prestige d'un nom connu. Dans les fabuleux mémoires attribués à la Haye, on donne au premier comte de Poitou fait par Karlemague, et qu'on nomme Albon, deux fils; et le second de ces fils, appelé Arnoul, ayant épousé l'héritière de la maison de Sanzay, maison *ancienne poitevine à l'échiquier*, aurait été l'auteur de la maison de Sanzay. Or, on sait qu'on ne connaît point de descendant du premier comte de Poitou. Néanmoins, pour établir le mensonge avancé, on donne plusieurs fausses chartes qu'il est aisé de reconnaître comme telles, à raison des expressions qui y sont employées, tout-à-fait étranges et point en usage pour le temps auquel on voudrait faire croire que ces actes ont été faits. Dans plusieurs notamment se trouve cette expression : *Dominus de Sanzayo* (3),

(1) 4 juin 1505, René de Sanzay, seigneur dudit lieu. — 8 juin 1510, René de Sanzay, seigneur de la châtellenie de Sanzay, baron de Doussay et seigneur de St-Marsault. — 8 mai 1525, contrat de mariage de Jehan le Nastin, seigneur de la Rochejacquelein, avec damoiselle Jeanne de Sanzay, fille du seigneur de Sanzay et de dame Jeanne de la Runde, sa femme. Le seigneur de Sanzay abandonne les droits qui lui appartiennent dans la succession de la Bouschette, dame du Plessis-Bâtard, aïeule dudit de Sanzay. — 10 sept. 1528, Etienne de Sanzay, seigneur dudit lieu. — 17 juin 1538, René de Sanzay, seigneur dudit lieu, baron de Doussay. — 1er janvier 1550, René de Sanzay, seigneur dudit lieu et de St-Marsault. — 24 août 1561, René de Sanzay, seigneur dudit lieu de St-Marsault, des Marchais et du Plantis, conseiller du roi, gentilhomme ordinaire de sa chambre, capitaine et gouverneur du château, ville et comté de Nantes. Tous ces actes font partie de la collection de dom Fonteneau. On voit grandir la maison de Sanzay, et ce fut sans doute ce dernier capitaine général du ban et arrière-ban de France qui, voulant se donner une illustre origine, fit fabriquer les faux titres dont on va parler.

(2) Cet ouvrage a été publié pour la première fois en 1581, Paris, in-8°, J. Patin, et critiqué avec raison par le judicieux Besly, *Comtes de Poitou*, II, p. 171 et suiv. En 1643, il a été reproduit à la suite de l'édition des *Annales d'Aquitaine*, imprimée à Poitiers, chez Abraham Mounin.

(3) « *De Sanzaio*, dit Besly, *Comtes de Poitou*, II, p. 179, n'est point un terme du temps, il faudrait dire *de Sanziaco* ou *Sinziaco*. »

vicecomes hæreditarius Pictaviæ, qui n'a jamais été employée dans aucune charte véritable.

Mais ce n'était pas assez d'imprimer de telles fables, il fallait en jeter çà et là des documents manuscrits pour y faire croire. C'est ainsi que sur un vieux missel de l'église de Boesse, tout près du château de Sanzay, on avait écrit, en latin, la fausse généalogie qui faisait descendre la maison de Sanzay du premier comte de Poitou. Moisgas, avocat et *feudiste* (1), à qui par hasard ce missel tomba dans les mains, en 1770, s'empressa d'en faire part à Jouyneau-Desloges, rédacteur des *Affiches de Poitou*, en lui disant qu'il croyait sa *découverte précieuse*. Ce dernier, quoique revêtu de l'emploi d'historiographe de la province, inséra les indications du missel de Boesse dans son recueil (2), en disant : « Cette pièce paraîtra sûrement curieuse ; il n'y a peut-être aucune famille qui pût en offrir une (origine) aussi ancienne, puisqu'elle commence au xi° siècle…. Mais ce que nous savons de certain, c'est que cette maison (de Sanzay) était très-illustre dès son origine, et est connue pour telle par tous nos historiens ; c'est qu'il est constaté et assez généralement avoué que les seigneurs de Sanzay descendent des anciens comtes de Poitou, et qu'ils ont eux-mêmes été honorés, dès le dixième siècle, de la qualité de vicomte héréditaire du Poitou. » Sur cela on renvoie aux mémoires de la Haye. On le voit, le feudiste et l'historiographe du Poitou manquaient tout-à-fait de cette critique judicieuse, si nécessaire quand on veut écrire l'histoire. En effet, lorsqu'on a un document historique à sa disposition, il faut d'abord s'assurer s'il mérite confiance. Or, pour peu qu'on connaisse l'histoire de la province du Poitou et des pays voisins, on voit que le missel de Boesse, entre autres détails erronés, parle de beaucoup d'établissements religieux qui n'ont jamais existé, ou de mariages de prétendus membres de la maison de Sanzay avec des personnes dont les noms sont inconnus dans les familles qu'on indique. Du reste, Moisgas et Jouyneau-Desloges donnent aussi une fausse généalogie de la maison du Puy-du-Fou, presque aussi remplie d'erreurs que celle qui

_____

(1) Ce nom aurait été entendu de tout le monde, avant la révolution de 1789 ; mais, depuis la suppression entière de la féodalité, on a besoin de dire, pour beaucoup de lecteurs, qu'on appelait *feudiste* l'homme d'affaires dont la spécialité était le travail relatif aux fiefs.

(2) Voir les *Affiches de Poitou*, an 1779, p. 163 et suiv. — an 1780, p. 10 et suiv. Ce recueil contient, du reste, des documents curieux sur le Poitou. Néanmoins là, comme dans beaucoup d'autres compilations, il est besoin de prendre le bon grain et de rejeter l'ivraie.

résulte de la chronique du moine anonyme de St-Maixent (1).

Un moyen de faire prendre le change sur des pièces fausses, était de les jeter dans les trésors des monastères. Une, qui s'est trouvée dans le monastère de Saint-Hilaire de Poitiers, a induit en erreur les auteurs du *Gallia Christiana*. Cette fausse charte, datée du 27 février 961, suppose que Guillaume-Tête-d'Etoupes, duc d'Aquitaine et comte de Poitou, pour favoriser l'affection d'Ebles son frère, évêque de Limoges, envers l'abbaye de Saint-Michel-en-l'Herm, aurait engagé Hugues de Thézac, chevalier, à céder ce qu'il possédait autour de Saint-Michel, en échange de la viguerie de Saintes, et après une croix on lit : *Domini de Sansayo*. Or, dom Fonteneau, qui a vu l'original de ce titre, a reconnu que l'écriture était au plus tôt du xv° siècle. Sa fausseté s'établit encore par un autre motif indiqué par le savant bénédictin. Les expressions employées sont étrangères au xv° siècle ; en effet, alors les noms propres étaient inconnus, et dès lors l'expression de *domini de Sansayo* n'aurait pu entrer dans un titre de ces temps reculés. De plus, j'ajouterai que Hugues de Thézac paraît donner à Saint-Michel-en-l'Herm ce qu'il possède jusqu'à la mer, *usque ad mare*, consistant en vignes, *vineis*, bois, *nemoris* ; et les marais qui entouraient le monastère jusqu'à l'Océan, n'admettaient point l'existence de ces deux espèces de biens.

Ce n'était pas assez d'avoir placé une fausse charte dans le chartrier de Saint-Hilaire-le-Grand de Poitiers, on en mit d'autres dans le trésor du monastère de la Trinité de la même ville. Un de ces faux actes consiste dans des lettres supposées de l'an 965, le jeudi avant Pâques, par lesquelles Guillaume Fier-à-Bras, prince d'Aquitaine, s'engage, pour lui et ses successeurs, à payer au monastère qu'on vient de nommer la moitié d'une monnaie d'or, qu'Adèle, en fondant cette abbaye, lui avait assignée pour dot, conjointement avec Sandebreuil et Raoul de Sanzay, qui sont indiqués comme parents des comtes du Poitou. Or, la fausseté de cet acte résulte de beaucoup d'expressions inusitées à l'époque où on voudrait faire remonter la charte ; par exemple, son commencement, *universis*

(1) Cette généalogie de la maison du Puy-du-Fou commence à Renaud du Puy-du-Fou, qui vivait, dit-on, sous Philippe-Auguste, et qui aurait épousé Adèle de Thouars, fille d'Emery, vicomte de Thouars ; puis vient Philippe, chambellan du roi, marié, en 1223, à Isabelle de Parthenay ; et enfin Renaud, marié à Eustache, dame de Montbail. Cette dernière alliance d'un Puy-du-Fou avec une femme de la maison de Montbail est constatée par Besly, dans sa lettre à M. du Puy-du-Fou, déjà citée. On a dit aussi que le poëte Ronsard avait écrit une généalogie de la maison de Sanzay.

presentes litteras, *etc.*, usité seulement au XII° siècle. On lit aussi dans cet acte l'expression *Pictonum princeps*, employée seulement au temps des Romains; au X° siècle, on aurait dit *Pictavorum princeps*, et encore on ne s'en servait pas pour les comtes du Poitou. On fait dire encore à Guillaume Fier-à-Bras, en parlant des Sanzay, *de stirpe cognatione nostra*. Les mots, pour le monastère, *S.-Trinita Pictaviensis*, et pour la date, *die jovis ante Pascha*, expressions du XIII° siècle, étaient positivement non employés au temps où l'on suppose que la charte a été faite. Enfin, pour compléter les preuves de la fausseté du titre, on y a mis un sceau, et les comtes de Poitou n'en avaient pas encore. Aussi dom Étiennot, dans ses *Antiquités Bénédictines*, rapporte cette charte et la signale comme fausse. Du reste, pour n'en pas faire voir l'original, on le fit vidimer en 1566 (1).

Une autre charte, vidimée de la même manière, placée aussi à la Trinité de Poitiers, et datée du 28 mai 1570, contient les mêmes marques de supposition. Ce sont des lettres portant jugement, par le comte de Poitou, au sujet d'un prétendu démêlé entre Sandebreuil de Sanzay et les religieuses de la Trinité, pour certaines redevances.

Mais les indications que je viens de donner ne sont qu'une partie bien faible des documents supposés, fabriqués pour donner à la maison de Sanzay une illustre origine. Qu'on consulte le recueil manuscrit de Beaumesnil (2), qui se trouve à la bibliothèque de la ville de Poitiers, et on y trouvera une ample moisson de faux actes, dont quelques-uns sont assez curieux. Je vais en donner l'indication : 1° une fausse bulle d'un pape Grégoire qui, la deuxième année de son pontificat, aurait concédé à la maison de Sanzay, à raison de sa descendance d'Arnoul, le don de guérir les malades languissants, au nom de Jésus-Christ, par l'imposition des mains; il est inutile d'insister sur la supposition d'une telle concession. 2° Une charte de partage dont les termes ne sont pas ceux usités en pareil cas. On y lit les mots : *Ad ripam de Sayvria*, dont on ne se servait pas pour exprimer la Sèvre-Nantaise. 3° Prétendue

(1) Par Vassart et Yver, notaires du châtelet de Paris.
(2) Pierre de Beaumesnil fut d'abord comédien, et s'étant, par suite de ses voyages, livré à l'étude des antiquités, il devint correspondant de l'académie des inscriptions. Comme je l'ai dit, à l'article que j'ai fourni sur lui à la *Biographie universelle*, dans ses recueils qui se trouvent à la bibliothèque Mazarine, à la bibliothèque publique de Poitiers et à celle d'Agen, il y a lieu de suspecter la bonne foi du dessinateur, et il est même hors de doute que quelques-uns des monuments qu'il prétend avoir esquissés n'ont jamais existé.

sauvegarde accordée par Louis le Gros, où se trouvent les mêmes termes et des expressions aussi peu conformes au style du temps. 4° Aveu de 1260 qui aurait été fait au roi de droits *inter ripas de Diva et de Sayvria*, par Sandebreuil de Sanzay, tandis qu'il le devait au roi. 5° Donation qui aurait été faite aux monastères de Cluny et de la Charité-sur-Loire, par Ebles, comte de Poitou, et le sire de Sanzay aurait souscrit le don, et sa marque aurait été précédée de ces mots : *Signum de Sansayo de meâ familiâ*, formule inusitée. 6° Fondation faite, dit-on, par Gui, châtelain de Thouars, petit-fils d'Arnoul, être imaginaire. 7° Dotation de l'abbaye de Notre-Dame de Saintes, par une prétendue Alix, fille de Sandebreuil de Sanzay, première femme, dit-on, de Guillaume Tête-d'Étoupes. 8° Prétendue charte de fondation du monastère de Poitiers. La supposition de toutes ces pièces est si évidente à la lecture qu'on n'entrera pas dans de plus amples détails.

Veut-on savoir à présent qui a fait écrire cet ouvrage si plein d'erreurs (les mémoires attribués à la Haye), qui a fait fabriquer ces généalogies menteuses ? C'est René de Sanzay, homme puissant à la cour et surtout en Poitou, à la fin du xvi° siècle. Je ne puis en fournir la preuve positive comme pour la maison du Puy-du-Fou, relativement à la seconde chronique de Saint-Maixent ; mais celui qui avait intérêt au faux a dû être le coupable ou au moins le complice des falsifications et des manœuvres que je fais connaître (1).

(1) Dans une *Notice historique et généalogique de la maison de Chabot*, qui a paru il y a quelques mois, et qu'on prétend avoir été écrite par un savant employé de la bibliothèque du roi, on trouve encore de graves erreurs historiques à relever. Or, la maison de Chabot, la plus ancienne du Poitou, et illustrée par un grand nombre de ses membres, n'a pas besoin de recourir à la fable pour remonter au premier usage des noms propres. Du reste, quant à ce qui la concerne, il y a même beaucoup plus à dire que ce qu'il y a dans le travail que j'indique. Les manuscrits de dom Fontenau sont en effet, pour ce sujet, une mine presque inépuisable ; et quand le marquis de Paulmy a dit, dans ses *Mélanges tirés d'une grande bibliothèque*, que, depuis le x° siècle, on voit le nom de Chabot souscrit dans toutes les chartes de Poitou, il a dit une grande vérité. Il y a donc de quoi étonner lorsqu'on lit dans ce travail : « Pierre, seigneur des Fiefs-Chabot, près Niort, connu par des chartes des années 1008, 1018, 1020 et 1030, et marié à Béatrix de Pierre-Buffière.... paraît être un des fils de Guillaume (iv° du nom), dit *Fier-à-bras*, duc d'Aquitaine, comte de Poitou... mort le 3 février 993, et d'Emme de Blois... » Il n'y a pas une charte, une chronique, pour appuyer ce *paraît être*. Aussi on fait bien d'ajouter que les seigneurs de la maison de Chabot ont eu le bon esprit de ne s'être jamais prévalus de ce qu'on appelle, et bien mal à propos, une présomption. Si l'auteur de cette notice semble hésiter un peu pour faire du Pierre Chabot, dont on vient de parler, le *troisième fils* du duc comte Guill-

LIII. Le monastère de Saint-Maixent a été fertile en écrivains. Outre les deux chroniques dont je viens de parler, il a produit plus tard trois autres ouvrages historiques. Le premier est dû à Boniface de Vallée, qui, né à Saint-Maixent d'une famille encore existante, se fit d'abord moine de Cîteaux, peu loin de là, dans l'abbaye des Châteliers. Il a écrit l'histoire des abbés de Saint-Maixent jusqu'à Jacques de Cravant d'Humières, abbé commandataire, mort en 1662. Cet ouvrage, écrit en français, est, au dire de dom Chazal, plutôt oratoire qu'historique, surtout dans les vies de saint Agapet et de saint Léger, et l'auteur s'est attaché plutôt à la tradition qu'à suivre des documents historiques. Quant à l'histoire de saint Maixent, elle est appuyée sur les précédentes vies de ce saint. La translation des reliques au loin et leur retour à Saint-Maixent, et toutes les autres particularités remarquables de l'histoire de ce monastère, prennent aussi place dans ce travail que je ne connais que par ce qu'en dit dom Chazal.

LIV. En second lieu vient le livre dû à André Liabœuf. Ce religieux, né au Puy-en-Velay, fit profession à Toulouse, dans le monastère de Sainte-Marie-de-la-Daurade, le 23 décembre 1442, à l'âge de 17 ans. Il devint prieur de la Chaise-Dieu, fut élu prieur du monastère de Saint-Maixent, dans le chapitre général de 1672, et mourut à Saint-Maixent, le 1er juillet 1677. Dom Liabœuf, homme très-érudit, revit le travail de dom de Vallée, et l'améliora beaucoup, en usant surtout de cette critique qui avait manqué à son prédécesseur. Les *Antiquités du monastère de Saint-Maixent* sont écrites en français et forment une histoire complète de cette abbaye. Dom Chazal rend le meilleur témoignage du labeur de celui qui l'a précédé dans la carrière, et dont le manuscrit original se trouve dans la bibliothèque de Poitiers. Il contient, en effet,

laume Fier-à-bras, il donne positivement la maison d'Oulmes, en Poitou, comme une branche cadette de la maison des ducs de Guienne. Puis il met en note que plusieurs auteurs font sortir la maison de Vivône de celle de Rennes, branche puînée des anciens rois de Bretagne; on voit qu'il s'étaye sur ce que la maison de Vivône portait d'hermine dans ses armoiries, comme si toutes les familles qui ont des fleurs de lis dans leurs écussons descendaient de la maison de France. Mais il faut voir les conséquences qu'il tire d'une alliance avec une héritière de la maison d'Oulmes: « En remontant, dit-il, les degrés de la maison d'Oulmes jusqu'à Fier-à-bras, duc de Guyenne, et Emme de Blois-Champagne, sa femme, et par cette maison à celle de Vermandois, elle se trouve descendre de Pépin de Vermandois, seigneur de Péronne, fils de Bernard, roi d'Italie, et de Berte de Moselane. » Et c'est un homme érudit qui a imprimé cela, en 1834? En vérité, je ne puis le croire....

des détails curieux qu'on ne rencontre point ailleurs, mais il s'y trouve aussi des erreurs à relever.

LV. Le troisième et dernier ouvrage moderne dont j'ai à parler, et qui serait la cinquième chronique de Saint-Maixent, si les trois derniers livres pouvaient avoir ce titre comme les deux autres, est écrit en latin et a pour titre : *Regalis monasterii S. Maxentini historia*, etc. Il est dû à François Chazal, né à Magnac, dans le diocèse de Limoges, qui fit profession en 1694, devint prieur de Saint-Maixent en 1714, et fut fait, trois ans après, prieur de Saint-Benoît-sur-Loire. Cet ouvrage, dont je possède le manuscrit original, est une autre histoire plus complète, bien écrite et assez exacte, du monastère de Saint-Maixent. J'y ai beaucoup puisé, pour ce qui concerne l'indication de l'auteur de la chronique dite de Maillezais et pour les faits et gestes de l'abbé Pierre Raymond.

LVI. J'arrête ici mes recherches. Le travail que je termine est, je le crois du moins, susceptible d'aider d'une manière notable ceux qui voudront étudier l'histoire de l'Aquitaine, et notamment l'histoire du Poitou, au moyen-âge. Des ténèbres couvrent ces temps anciens. Mais ce n'était pas assez d'avoir à lutter contre les difficultés réelles du manque de documents, ou de leur peu d'exactitude, et du problème des dates. Fallait-il encore que des faussaires arrivassent pour multiplier les obstacles, en supposant des êtres et des faits imaginaires ? Fallait-il que des historiens érudits, comme Arcère, Dufour et autres, prissent au sérieux ce qui n'est qu'un tissu de fables ? Fallait-il encore que nos maîtres à tous, dans les sciences historiques, les vénérables et savants bénédictins, se soient laissé prendre à une falsification de l'histoire, qui pourtant se manifestait par tant de circonstances, piége qu'on eût pu d'ailleurs éviter, en examinant des points assez saillants, comme l'existence prétendue d'un frère d'Ebles-Manzer, les fausses alliances de certaines familles historiques où l'on plaçait des filles qui n'ont jamais existé, ou en mariant celles dont l'existence est reconnue avec des époux autres que ceux qui ont été réellement les leurs ? Mais fallait-il surtout qu'un document comme le *Fragmentum chronicorum* fût placé dans la précieuse collection des historiens de France, commencée par dom Bouquet et continuée par ses savants collègues, pour tromper ceux qui, en le trouvant là, croiraient pouvoir y puiser, comme dans une source sûre et pure, tandis que ce travail est tellement controuvé d'un bout à l'autre qu'on n'y rencontre de vrai que ce qui regarde la suite des ducs d'Aquitaine, comtes de Poitou, et la liste des évêques de Poitiers, sauf le faux testament de Guillaume X et l'omission d'un évêque, et que tout le reste est un assemblage de faussetés et de mensonges, pour donner à une famille, qui sans doute l'avait fait faire, je pense l'avoir établi, une origine fabuleuse, et rendre même cette origine la foi du pays, en répandant des copies de ce même document, affirmé pour vrai, dans les châteaux du bas Poitou, et en donnant la même origine, une descendance de la maison vicomtale de Thouars et même des comtes de Poitou, aux autres maisons principales de la contrée ? Alors, et la chose est vraie, la science historique, pour les difficultés locales au moins, devrait, comme la géologie, être *étudiée sur place*. S'il en est ainsi, que dans chaque province on fasse le travail que j'ai entrepris, car partout il y a eu des hommes qui, à une époque, ont forgé des généalogies de complaisance et fabriqué de faux documents. Alors l'histoire de notre belle France en général et de ses provinces en particulier sera bien plus aisée à faire, et on pourra travailler hardiment sans crainte de s'appuyer sur des bases fausses, en citant des chroniques fabuleuses et des titres mensongers, et en parlant d'êtres supposés et imaginaires.

———————

TABLE.

PREMIÈRE PARTIE.

TROISIÈME PARTIE.

— 73 —

ERRATA.

P. 6 : *mettez le signe* VII *avant ces mots :* l'auteur de la chronique, etc.

P. 7 : *mettez le signe* XII *avant ces mots :* mais l'ouvrage de dom Liabœuf, etc.

P. 8 : *mettez le signe* XIII *avant ces mots :* une autre question, etc.

P. 10 : *mettez le signe* XV *avant ces mots :* l'époque précise, etc.

P. 11 : *mettez le signe* XIX *avant ces mots :* pour appuyer d'autant plus, etc.

P. 28, 2e col., l. 21 : *au lieu de* Gui II, *lisez* Gui III.

P. 37, 2e col., l. 20 : *au lieu de* Geoffroy, 3e vicomte de Thouars, *lisez* Geoffroy, 7e vicomte de Thouars.

P. 47, 2e col., note, l. 2 : *au lieu de* la tradition a fait à M. Renaud du Puy-du-Fou, *lisez* la tradition a fait à Renaud du Puy-du-Fou.

Imp. de F.-A. SAURIN.